河北省社会科学基金项目"新时代导师与研究生关系的结构与测量"
（HB23JY011）的研究成果

研究生导师
立德树人
评价研究

董宗旺　著

中国华侨出版社
·北京·

图书在版编目（CIP）数据

研究生导师立德树人评价研究 / 董宗旺著. -- 北京：中国华侨出版社，2024.12. -- ISBN 978-7-5113-9396-8

Ⅰ. G643.1

中国国家版本馆CIP数据核字第2024X8Q975号

研究生导师立德树人评价研究

著　　者：	董宗旺
责任编辑：	张亚娟
封面设计：	寒　露
经　　销：	新华书店
开　　本：	710毫米×1000毫米　1/16开　印张：15.75　字数：210千字
印　　刷：	定州启航印刷有限公司
版　　次：	2024年12月第1版
印　　次：	2024年12月第1次印刷
书　　号：	ISBN 978-7-5113-9396-8
定　　价：	78.00元

中国华侨出版社　北京市朝阳区西坝河东里77号楼底商5号　邮编：100028
发行部：（010）64443051　　传　真：（010）64439708

如发现印装质量问题，影响阅读，请与印刷厂联系调换。

前 言

随着国家的繁荣昌盛和社会的发展,新时代对于研究生导师立德树人教育工作有了新的要求和期待。2020年7月29日,中华人民共和国成立以来的首次全国研究生教育会议召开,习近平总书记对研究生教育工作作出重要指示,研究生教育在培养创新人才、提高创新能力、服务经济社会发展、推进国家治理体系和治理能力现代化方面具有重要作用,由此,开启了新时代研究生教育发展的新篇章。研究生教育呈现从快速发展迈向高质量发展、从不断改革迈向全面系统改革、从持续开放迈向更加自信的开放等发展趋势[①]。导师是研究生培养的"第一责任人",导师指导的风格、行为方式、发生频率对研究生的创新能力具有显著影响[②]。研究生教育质量需要一支高素质导师队伍的支撑,更需要和谐师生关系的保障。

研究生导师如何正确履行自身职责,如何塑造自身高尚的道德情操,如何在教学、科研等方面为研究生作出表率,如何将研究生培养成为品德高尚且拥有强烈社会责任感的新人,如何培养新时代研究型和应用型高层次人才,既关系到研究生教育自身发展的需要,也关系到未来国家核心竞争力的迫切需求。基于此,本书对研究生导师立德树人教育工作的评价进行深入而系统的研究,以期能为教育行政部门制定政策及研究生教育管理者开展教育实践提供参考。本书结构如下。

第一章介绍立德树人的时代内涵,包含四部分内容:立德树人的内

---

① 洪大用. 研究生教育的新时代、新主题、新担当[J]. 学位与研究生教育, 2021(9): 1-9.
② 张珊珊, 孙颖, 李薇. 支持型导师指导风格对研究生创新能力的影响: 团队氛围和学习投入的链式中介作用[J]. 中国健康心理学杂志, 2022, 30(3): 448-452.

涵、立德树人的总体要求与基本原则、立德树人的主要任务、立德树人评价的价值，系统阐述了立德树人的相关内容，为下文作铺垫。

第二章阐述了研究生导师立德树人评价的研究，包含四部分内容：导师立德树人的历史演进、国内外导师立德树人评价的研究进展、导师立德树人评价的逻辑理路、导师立德树人评价的必要性与可行性，以此切入主题，介绍了研究生导师立德树人评价的相关内容。

第三章阐释了研究生导师立德树人评价目标，包含三部分内容：评价目标的解析、评价维度的建构、评价目标的价值意蕴，从评价目标开始，引出下文重点。

第四章阐释了研究生导师立德树人评价指标体系，包含三部分内容：评价指标体系构建的目的、评价指标体系构建的原则、评价指标体系的指标选取及框架构成。此章为本书重点内容，是研究生导师立德树人评价工作的核心部分。

第五章介绍了研究生导师立德树人评价方法，包含三部分内容：评价理论介绍、评价功能、评价方法。此章为评价工作的重要内容，评价工作的开展也正基于此。

第六章阐述了研究生导师立德树人评价模型，包括三部分内容：模型构建理论、评价模型、评价措施，评价工作在此基础上正式展开。

第七章阐明了研究生导师立德树人评价主体与评价对象，包含三部分内容：研究生导师立德树人的评价主体、评价对象以及评价原则，阐明评价工作的各方主体。

第八章对研究生导师立德树人评价实施与反馈进行详细论述，涉及三个部分：评价实施、评价反馈和改进措施。此章阐明了评价工作的实施流程，通过评价反馈，总结出评价工作有待改进之处。

本书内容丰富，结构严谨，层层递进，语言深入浅出，系统地介绍了研究生导师立德树人评价研究，希望能对研究生导师的专业发展和教师评价的研究者及相关从业人士提供一些帮助。

目 录

第一章 立德树人的时代内涵
第一节 立德树人的内涵 ……………………………………… 003
第二节 立德树人的总体要求与基本原则 …………………… 006
第三节 立德树人的主要任务 ………………………………… 013
第四节 立德树人评价的价值 ………………………………… 018

第二章 研究生导师立德树人评价的研究
第一节 研究生导师立德树人的历史演进 …………………… 025
第二节 国内外研究生导师立德树人评价的研究进展 ……… 026
第三节 研究生导师立德树人评价的逻辑理路 ……………… 032
第四节 研究生导师立德树人评价的必要性与可行性 ……… 037

第三章 研究生导师立德树人评价目标
第一节 评价目标的解析 ……………………………………… 051
第二节 评价维度的建构 ……………………………………… 056
第三节 评价目标的价值意蕴 ………………………………… 060

第四章 研究生导师立德树人评价指标体系
第一节 评价指标体系构建的目的 …………………………… 065
第二节 评价指标体系构建的原则 …………………………… 067
第三节 评价指标体系的指标选取及框架构成 ……………… 071

第五章 研究生导师立德树人评价方法
第一节 评价理论介绍 ………………………………………… 117
第二节 评价功能 ……………………………………………… 118

I

第三节　评价方法 ·· 125

第六章　研究生导师立德树人评价模型
第一节　模型构建理论 ·· 151
第二节　评价模型 ·· 181
第三节　评价措施 ·· 183

第七章　研究生导师立德树人评价主体与评价对象
第一节　研究生导师立德树人评价的主体 ·························· 189
第二节　研究生导师立德树人评价的对象 ·························· 194
第三节　评价原则 ·· 195

第八章　研究生导师立德树人评价实施与反馈
第一节　评价实施 ·· 209
第二节　评价反馈 ·· 213
第三节　改进措施 ·· 221

参考文献

附　录
附录一：研究生导师立德树人评价指标调查问卷 ···················· 232
附录二：研究生导师立德树人评价专家访谈提纲（一）·············· 234
附录三：第一轮专家调查问卷 ···································· 235
附录四：研究生导师立德树人评价专家访谈提纲（二）·············· 238
附录五：第二轮专家调查问卷 ···································· 239
附录六：研究生导师立德树人评价专家访谈提纲（三）·············· 242
附录七：研究生导师立德树人评价问卷 ···························· 243

第一章 立德树人的时代内涵

第一章 立德树人的时代内涵

第一节 立德树人的内涵

教育的根本任务是立德树人。立德树人要求教育工作者能够通过不断提高自身的品德修养，以身作则、言传身教，培养德才兼备的有用人才。对于立德树人概念的界定，学术界主要从两个方面入手：一是从古代传统内涵到时代新意进行界定，二是通过阐释"立德"与"树人"之间的关系对其进行界定。

立德树人的提法可以上溯至古代，在中国漫长的历史发展中，随着时代的发展，社会不断进步，立德树人的内涵也在不断发展和演变。大部分学者认为立德树人的内涵中蕴含着深厚的古代传统教育思想，因此界定立德树人的内涵，需要追溯到古代相关词的词义，并结合新时代所赋予的全新含义。"大上有立德，其次有立功，其次有立言"[①]，其中，"立德"意为对品德行为的坚守，树立正直端严的德行；"树人"为培植教育人才，并培养其成才。"立德树人"的基本内涵是以德行来培养所需要的人才，在这一过程中，立德是最为重要的一个方面，而树人是育人的根本。

时代不断向前发展，历史不断向前演进，"德"的概念也在不断丰富和完善。我们应当根据现实社会发展的实际情况和教育实践的具体过程，把握立德树人的内涵，同时要注意分析立德树人的词根、词源和词义，而后分别从"立德"和"树人"在古代典籍中的出处来解释立德树人的内涵，强调教师要有高尚的品德修养。总体来说，立德树人的内涵可以分为两个大的方面：立德与树人。"立德"意为养成道德修养，"树人"意为对人才的培养。立德树人是我国璀璨思想文化中传承下来的优秀教育理念，将这一理念与当下社会发展的大环境相结合是高校思想政治工作的重要内容，这也是立德树人的重要内容。党和国家领导人从新

[①] 严华银.德育课程：重要的是育人[M].北京：世界图书出版公司，2018：165.

时代教育工作的根本任务出发，强调把立德树人作为中心环节，揭示了新时代"立德树人"的深刻内涵。因此，对于立德树人的内涵，应当在"立德"和"树人"两个词本身词源意义的基础上，结合当下社会发展的新时代新要求进行准确把握。

另外，有一些学者从"立德"与"树人"两者之间的关系入手，对立德树人的内涵进行探究。在大部分学者看来，"立德"是"树人"的前提条件和基本要求，而"树人"是"立德"的最终目的和归属。"立德"所强调的是做人的根本是什么，而"树人"强调的是教育的目标是什么，只有将"立德"和"树人"切实结合在一起，才能培养出新时代发展所需要的人才。从"立德"和"树人"之间的辩证关系出发，二者有着紧密的相互关联性，并且彼此之间有相互促进的作用，需要从整体出发，将"立德"与"树人"作为统一的整体来进行研究与探讨。

从词源上来看，"德"为会意字，字体构型最初表示，无论做人还是做事，都要正直向上，不偏离主要道路，直到达成目标。而后再加上"心"字，就是"直心为德"，强调一个人在行为上要在日常规范的范围内，同时，要保持与思想上同步。由此可见，"德"字从一开始就包含两个方面的含义：一方面是内在的品格与德行，包含诚信、仁义等一切美好的道德与品德；另一方面是外化而来的行为规范，也就是要求人们应当遵守的品行与操守，遵从一定的社会规范。而"德"的具体内容，可以概括为"仁义礼智信"五常德，但时代在变化，社会也在发展，不同学派对于"立德树人"解释的侧重点均不尽相同。

"立德"意为树立德行，强调"立"的动作和行为，立什么样的德，怎样立德。"立"即在行动上有所表现，重视行为，需要将想法付诸实践，而不只是停留在口头和心里所想，同时，这也是"德"本身所包含之义。另外，"立德"注重行动的同时，也注重行动后的效果，如是否能够为国家、民族、社会、他人作出相应的贡献。孔子十分重视教他人努力，强调人要能从自己的努力中有所收获，并将这种状态维持长久。王阳明同样强调要"成德",在学校中学习,或长于礼乐,或长于政教,或长于水土播植,但不论在哪方面有长处,都应当在"德"上有所成就。"立德"明确了首先要成为一个人,而后才能有尊严、有成就、有志向地生活、工作。个人首先要修身,进行自我修养,培养自己的品行、德行。对国家、民族、社会,都要能担当起自己应当承担的责任与义务,为后代树立一个优秀的榜样。"立德"是中国人做人的根本指引。

在如今高速发展的社会中,如果只讲"立德",而不讲"树人",只能塑造出一个好人,但并不能保证培养出满足社会发展需要的人才。因此,"树人"变得尤为重要,应当培养德才兼备、整体素质俱佳的人才。如同一株幼苗,若想要长成一棵参天大树,不仅要有发达强壮的根系和主干,还要有繁盛结实的枝丫、叶子,能够充分吸收光、水、营养等。国内教育工作想要培养出能够真正在社会上立足的人才,不仅要"立其德",让其有根本的精神支撑,还要"树其人",让其建立一套自己的知识框架和体系,拥有在某一专业领域胜任某一项工作的能力与素质。

"立德"强调了做人的根本,而"树人"强调了人才培养目标的全面性、专业性、实用性,将"立德"与"树人"结合在一起,才能真正构建出符合现代社会需求的人才培养体系。这套体系的内在逻辑就是以立德为首要任务,以"树人"为根本目标。教育的根本任务就是树人,就是为国家、民族、社会培养人才。树人前应当先立德,立德为树人的基础,能够促进树人工作向前推进。立德树人所培养的是德才兼备、和谐发展的高层次人才,但这并不意味着要面面俱到,掌握所有技能与素质,而是要有所区别,有所侧重。

在人才培养目标体系中,第一个层次要求的是培养具有优良品德的人。要成才,需要先成为一个品德合格的人。实际上,对于大多数青年来说,基本的知识以及获取知识的途径最容易习得,但一个人的同情心、良知、社会责任感以及为社会奉献的意识是最难培养的。在学校教育中,专业知识的教育只是其中的一部分。学生通过对专业知识的学习,能够成为一个具备一定专业能力、掌握学习方法的有用之人，但社会的发展和时代的进步需要全面发展的高层次人才。因此，在教育中要强调立德为先，要首先培养学生正确的世界观、人生观和价值观，让学生深刻认识到什么是做人最基本的道理，"德"只有"立"稳，才能进行树人工作，培养学生的基本素质与能力。

人才培养的第二个层次，是使其在某一个专业领域，具备系统、科学、完整的知识结构以及与之相关的基本素质和能力。立德之后，就是如何培养人才以及如何培养一个有用的人才。具备相当程度的专业知识和能力，是一个人能够立足于世，并为国家、民族、社会作出贡献的最基本条件。从目前来看，学科分类越来越细化，学生可以通过各种渠道获得各个领域的知识与技能，因此，学校在进行知识传授时，不用面面俱到，但要建立起清晰、完整、合理的知识框架，重点培养学生基础性的和必备的素质和能力，如自学能力、分析判断能力、理解能力、身体素质、心理素质等。

人才培养的第三个层次，是根据学生个人的爱好、兴趣、倾向等，培养其具有鲜明个性特点的专长，这一层次属于个性化设计。目前点对点的因材施教的教育模式还较难以做到。要针对学生各种不同的成长成才问题，制定有针对性且有效的教学方式，尽可能为学生个性化发展提供必要的基础与条件，学校应当提供充足的资源，营造良好的学习环境，最大限度地激发学生的创造性和自身才能。

第二节 立德树人的总体要求与基本原则

一、立德树人的总体要求

高举中国特色社会主义伟大旗帜，坚持以马克思列宁主义、毛泽东思想、邓小平理论、"三个代表"重要思想、科学发展观和习近平新时代中国特色社会主义思想为指导,深入贯彻落实习近平总书记关于教育的重要指示精神。马克思主义是立党立国的根本指导思想,也是立德树人必须始终高举的"旗帜"和坚持的"方向"。

立德树人要与全面建成小康社会和社会主义现代化建设的实际情况相结合,并与青少年思想及其成长的实际环境结合在一起。从实际出发,联系实际,是中国共产党人应当具有的作风和态度,也是中国革命、建设和改革过程中取得重要成就的法宝,同时是立德树人必须坚持的作风和法宝。

要大力推进社会主义核心价值体系建设,培育和践行社会主义核心价值观。社会主义核心价值体系是兴国之魂,社会主义核心价值观是社会主义核心价值体系的内核,这两个方面是立德树人的灵魂和本质要求。

坚持以人为本,遵循青少年素质发展规律,遵循青少年思想道德教育规律,遵循教育教学规律。讲规律,按规律办事,是中国共产党人求真务实的科学态度,也是立德树人必须持有的科学态度。

坚持改革创新不动摇。对于中国现实发展来说,改革是推动社会发展的根本动力,而创新是民族进步的灵魂,立德树人强大动力的来源就是改革和创新。而面对新形势、新的发展机遇,立德树人要增强实效性、针对性,吸引力、感染力,在这一过程中,更需要改革创新的强大赋能。

努力培育面向现代化、面向世界、面向未来,有理想、有道德、有文化、有纪律,德、智、体、美、劳全面发展的中国特色社会主义事业建设者和接班人,是事关党和国家长治久安、事关中华民族前途命运的重大问题,也是立德树人必须解决好的根本问题。

二、立德树人的基本原则

立德树人的基本原则是指推进立德树人必须遵循的基本准则和规范。

(一)坚持教书与育人相结合

教书与育人相结合,是我国教育事业必须为社会主义现代化服务和

"培养德智体美劳全面发展的社会主义建设者和接班人"的基本要求。教书与育人密不可分，是一个整体的两个方面。教书是育人的基础，育人是教书的目的。离开育人，教书便从根本上失去了意义。学校是培养人才的重要基地，无论是传授知识还是进行思想教育，都是为了育人，必须把立德树人作为教育的根本任务。办好学校，要解决好培养什么人、怎样培养人这个根本问题。我国学校办得怎么样？我国教育事业发展得怎么样？要看培养出来的学生是不是合格，特别是他们的思想政治素质是不是合格。

坚持教书与育人相结合，学校要始终不渝地全面贯彻党的教育方针，坚持"学校教育，育人为本；德智体美，德育为先"，全面深化教育改革，把社会主义核心价值体系融入国民教育全过程，深入推动中国特色社会主义理论体系进教材、进课堂、进头脑，培育和弘扬社会主义核心价值观，引导学生形成正确的世界观、人生观、价值观，培养学生团结互助、诚实守信、遵纪守法、艰苦奋斗的良好品质，着力提升学生服务国家和服务人民的社会责任感、勇于探索的创新精神、善于解决问题的实践能力；强化体育课和课外锻炼，促进学生身心健康、体魄强健；改进美育教学，提高学生审美和人文素养。全方位推进立德树人，多方面促进学生全面发展，源源不断地培养社会主义事业的建设者和接班人。

（二）坚持教育与自我教育相结合

教育与自我教育相结合，既体现了对教育者的重视，又体现了对受教育者的尊重，是外部教育和内在教育的统一，是"以人为本"理念在立德树人中的体现。

坚持教育与自我教育相结合，既要充分发挥学校教师、党团组织的教育引导作用，又要充分调动学生的积极性和主动性，引导他们自我教育、自我管理、自我服务；既要加大教育引导的力度，又要激发受教育者的内在动力；要切实加强学校党政干部和共青团干部、思想政治理论课和哲学社会科学课教师、辅导员和班主任这三支队伍的建设，特别是要采取有力措施，按照政治强、业务精、纪律严、作风正的要求，着力建设一支高水平的辅导员和班主任队伍，使他们在立德树人工作中发挥更大作用；要发挥党的政治优势和组织优势，把符合条件的优秀学生吸收到党内来，把党支部建在大学班级里，使学生党员发挥先锋模范作用，使学生党支部成为立德树人的坚强堡垒；要充分发挥团组织在教育、团结和联系学生方面的优势，把广大学生紧密团结在党的周围，竭诚为学生成长成才服务；要发挥学生会、研究生会的桥梁和纽带作用，开展生动有效的立德树人活动；要积极调动学生自我教育、自我管理、自我服务的积极性和主动性，着力加强班集体建设，开展丰富多彩的活动，发挥团结学生、组织学生、教育学生的作用；要加强对学生社团的领导和管理，高度重视学生生活社区、网络虚拟群体等新型学生组织的思想政治教育工作。

（三）坚持政治理论教育与社会实践相结合

政治理论教育与社会实践相结合，是人才成长规律和教育规律的内在统一。立德树人，首先要解决好理想信念问题。理想信念是做人的根本，只有树立崇高理想和远大志向，从小打牢思想道德基础，学习才有动力，前进才有方向，成才才有保障。如何坚定理想信念？要让理想信念在心中扎根，把理想信念建立在对科学理论的理性认同上，建立在对历史规律的正确认识上，建立在对基本国情的准确把握上。坚定理想信念，不能空喊口号，一定要与实际相结合，在实现中国梦的生动实践中放飞青春梦想。

对此，要发挥各门课程的育人功能，深入发掘其立德树人资源，把立德树人融入学生学习的各个环节；要大力建设体现社会主义特点、时代特征和学校特色的校园文化，广泛开展丰富多彩、积极向上的学术、科技、体育、艺术和娱乐活动，把德育与智育、体育、美育有机结合起来，寓教育于文化活动之中；要引导学生深入开展社会实践活动，拓展立德树人的有效途径，引导学生走入社会大课堂，探索和建立与专业学习、服务社会、勤工助学、择业就业、创新创业相结合的社会实践新机制,到基层去,到工农群众中去,在自觉广泛的社会实践中熏陶思想感情、充实精神生活、提高道德境界、增长知识才干。

(四)坚持解决思想问题与解决实际问题相结合

解决思想问题与解决实际问题相结合,是提高立德树人实效的重要方法。青少年处在成长阶段,他们的思想不仅容易受社会环境中各种因素的影响,也容易受个人遇到的具体困难和问题的影响。因此,他们的一些具体思想问题,有些需要通过提高思想认识来解决,有些则需要通过解决他们所遇到的一些具体困难和问题来解决,也就是说,既要教育、引导他们,又要关心、帮助他们。立德树人首先要解决的是人的思想问题,而思想问题在很多情况下又是由实际问题引起的,这就要求我们必须把帮助青少年解决思想问题与实际问题有机结合起来,把工作的着力点放到解决学生实际生活中遇到的问题上来。

坚持解决思想问题与解决实际问题相结合,既要摆事实、讲道理,以理服人,耐心细致,循循善诱,进行疏导、开导、引导,不断提高青少年的思想认识和精神境界;又要关心人、办实事,以情感人,春风化雨,润物无声,帮助青少年处理好成长过程中学习成才、择业交友、健康生活等方面的具体问题。既要深入了解学生、服务学生,为学生办实事、做好事、解难事,改善学习条件,加强就业服务指导,完善困难学生资助机制,帮助家庭贫困的学生完成学业;又要针对当代青少年的特点,抓好心理健康咨询和教育工作,促使青少年形成和保持健康的心理状态。

(五)坚持教育与管理相结合

坚持教育与管理相结合,是立德树人的内在要求。立德树人要取得成效,不仅本身要加大力度、改进方法,还要充分发挥管理的作用,依照法律和规章制度加强和改进学校管理。只教不管或单纯依靠行政管理,都不能达到预期的目的。只有在教育中结合管理，在管理中渗透教育，才能取得最佳的教育效果。管理能保证德育的有效实施，德育又能提高学生服从管理、遵守纪律的自觉性，两者相得益彰。

坚持教育与管理相结合，要努力构建立德树人的长效机制，紧紧抓住制度建设这个更具根本性、全局性、稳定性、长期性的重要环节，建立起既能立足当前、有效解决突出问题，又能着眼长远、保证工作不断推进的工作制度。要着重建立和完善立德树人的领导体制：在地方要建立和完善党委统一领导、党政齐抓共管、有关部门各负其责、全社会大力支持的领导体制，形成全党全社会全力支持的强大合力；在学校要建立和完善党委统一领导、党政齐抓共管、专兼职队伍相结合、全校紧密配合、学生自我教育的工作体制，把德育融入教学、科研、管理、服务之中，形成全校上下共同推进的强大合力。要着力建立六种长效工作机制，具体如下。

一是发挥课堂主导作用的长效工作机制，确保所有教师履行育人职责，所有课程发挥育人功能。

二是深入推行社会实践的长效工作机制，引导青少年深入社会、了解社会、服务于社会。

三是大力推进校园文化建设的长效工作机制，为青少年提高素质和健康成长提供强大的精神动力。

四是实施为青少年办实事、好事的长效工作机制，在关心人、帮助人中教育人、引导人。

五是加强德育队伍建设的长效工作机制，为立德树人提供组织保证。

六是营造良好社会环境的长效工作机制，努力营造良好的舆论、文化和校园周边环境。要严格照章办事，通过规范青少年的学习、生活和行为，促使他们自觉遵守各项规章制度和社会公德，逐步养成良好的行为习惯。要充分发挥青少年的内在潜能，激发青少年的自律意识，使自律与他律相辅相成。

（六）坚持继承优良传统与改进创新相结合

坚持继承优良传统与改进创新相结合，是推进立德树人的根本动力。继承和创新之间是一脉相承而又与时俱进的关系。党在长期的革命、建设和改革开放中，形成了较为系统的立德树人优良传统，积累了丰富的立德树人工作经验，这些经验体现了立德树人的本质属性，是当前开展立德树人工作的重要基础。但时代在发展，情况在变化，立德树人也必须依据时代的发展、情况的变化而改进和创新。当代青少年接触新事物多，信息面广，思维敏捷，这些特点也要求我们在继承党的立德树人优良传统的基础上，积极探索新形势下立德树人的新途径、新办法，努力体现时代性，把握规律性，富于创造性，增强实效性。

坚持继承优良传统与改进创新，要教育引导青少年学生坚定马克思主义信仰、中国特色社会主义信念、中华民族伟大复兴信心，立报国强国大志向、做挺膺担当奋斗者。与社会主义市场经济相适应、与社会主义法律规范相协调、与中华民族传统美德相承接，既要体现优良传统，又要反映时代特点，始终保持生机与活力；要坚持从实际出发，研究青少年的行为特点，探索青少年思想认识与环境变化的内在联系，把握青少年思想成长的规律，认真研究立德树人的新情况、新问题，认真解决立德树人存在的突出问题，紧紧抓住影响立德树人观念形成和发展的关键环节，确定立德树人的重点内容，创新教育方法和手段，确定合适的内容，选择恰当的方式，开展有针对性的教育和引导活动，因势利导，因材施教，因人施教，力争入耳、入脑、入心；要坚持贴近实际、贴近生活、贴近青少年，既要遵循思想道德建设的普遍规律，又要适应青少年身心成长的特点和接受能力，从他们的思想实际和生活实际出发，深入浅出，寓教于乐，循序渐进，多用鲜活通俗的语言，多用生动典型的事例，多用喜闻乐见的形式，多用疏导的方法、参与的方法、讨论的方法，进一步增强工作的针对性和实效性，增强吸引力和感染力；要坚持知与行相统一，既要重视课堂教育，更要注重实践教育、体验教育、养成教育，注重自觉实践、自主参与，引导青少年在学习道德知识的同时，自觉遵循道德规范；要根据青少年接收信息途径发生的新变化，全面加强校园网建设，善于运用互联网等现代传媒，把立德树人的内容有机融入其中，开展生动活泼的网络立德树人活动，增强网络立德树人的吸引力和感染力，形成网络立德树人工作体系，牢牢把握网络立德树人的主动权。

第三节　立德树人的主要任务

中国共产党结合时代发展，对立德树人提出了明确具体的要求。党的十八大以来，到2024年全国教育大会，习近平总书记对立德树人作出了一系列重要论述，深刻阐明了一系列重要理论和实践问题，明确提出了立德树人的主要任务。

一、从确立远大志向做起，引导青少年坚定理想信念

习近平总书记强调，理想指引人生方向，信念决定事业成败。青少年时代，是激情满怀、富有朝气的时代，是放飞理想、人生出彩的时代。青少年一代有理想、有担当，国家就有前途，民族就有希望，实现我们的发展目标就有源源不断的强大力量。广大青少年要树立正确的世界观、人生观、价值观，掌握了这把总钥匙，再来看看社会万象、人生历程，一切是非、正误、主次，一切真假、善恶、美丑，自然就洞若观火、清澈明了，自然就能做出正确判断、做出正确选择。当今时代，中国青少年应该牢固树立什么样的理想信念呢？广大青年要继承和发扬五四精神，坚定不移听党话、跟党走，争做有理想、敢担当、能吃苦、肯奋斗的新时代好青年，在推进强国建设、民族复兴伟业中展现青春作为、彰显青春风采、贡献青春力量，奋力书写为

中国式现代化挺膺担当的青春篇章。

引导青少年坚定理想信念，要着力让理想信念在青少年心中扎根，用中国特色社会主义理论体系武装青少年头脑，用历史启示青少年，用伟大的目标感召青少年，用光明的未来激励青少年，凝聚起坚持和发展中国特色社会主义、实现中华民族伟大复兴中国梦的广泛思想共识，为青少年坚定理想信念提供正确理论指导和强大精神支柱；要着力在实践中坚定青少年理想信念，引导青少年培养坚忍不拔、百折不挠的精神，始终将国家富强、民族振兴、人民幸福作为努力方向，自觉将个人梦与中国梦紧密联系在一起，把满腔报国之志转化为学习的动力、工作的业绩，把积极奉献精神转化为服务人民的实际行动，用"青春梦"托起中国梦。

二、从勤奋学习做起，引导青少年自觉践行社会主义核心价值观

青少年的价值取向决定了未来整个社会的价值取向，而青少年又处在价值观形成和确立的关键时期，抓好这一时期的价值观养成十分重要。这就像穿衣服扣扣子一样，如果第一粒扣子扣错了，剩余的扣子都会扣错。人生的扣子从一开始就要扣好。知识是树立社会主义核心价值观的重要基础。青少年正处于学习的黄金时期，应该把学习作为首要任务，作为一种责任、一种精神追求、一种生活方式，为学之要贵在勤奋、贵在钻研、贵在有恒。青少年要"既读有字之书，也读无字之书"；既要专攻博览，也要关注社会；既要善于向书本学习，也要善于向实践学习，在理论与实践的互动过程中，增长能干事、干成事的本领。这些重要论述，深刻揭示了学习的本质和目的，阐释了勤奋学习对于树立和培养社会主义核心价值观的重要性，也要求立德树人要着力引导青少年勤奋学习。

引导青少年树立和培养社会主义核心价值观，要求青少年勤于学习、敏于求知，注重把所学知识内化于心，形成自己的见解，既要钻研业务，

又要关心国家、关心人民、关心世界，学会担当社会责任；要着力让学习成为青少年成长进步的阶梯，教育青少年努力扩大知识半径，刻苦学习，把握人生道理，领悟人生真谛，体会人生价值，实践人生追求；要引导青少年学会思考、善于分析、正确抉择，做到稳重自持、从容自信、坚定自励；要引导青少年迈稳步子、夯实基础、久久为功，扎扎实实干事，踏踏实实做人。社会主义核心价值观的养成绝非一日之功，要坚持由易到难、由近及远，努力把社会主义核心价值观的要求变成青少年日常的行为准则，进而成为其自觉奉行的信念理念，引导青少年在时代大潮中建功立业，成就自己的精彩人生。

三、从培养创新精神做起，引导青少年勇于创新创造

综合国力的竞争，说到底就是创新能力的竞争。在创新方面，谁动作快，谁就会抢占先机，掌握制高点和主动权；谁动作慢，谁就会丢失机会，被别人甩在后边。"唯创新者进，唯创新者强，唯创新者胜。"青少年是社会上最富活力、最具创造性的群体，理应走在创新创造前列。青少年要充分发挥敢想、敢闯、敢为天下先的特点，把创新创造的理念融入自己的学习生活中，着力在提高丰富的想象力、敏锐的观察力上下功夫，在挖掘创新潜能、提高创新能力上下功夫，以一往无前的进取精神投身到创新实践中去。要培养敢为人先、开拓进取的锐气，树立在继承前人的基础上超越前人的雄心壮志；培养逢山开路、遇水搭桥的意志，为了创新而百折不挠、勇往直前；培养探索真知、求真务实的态度，在创新中不断积累经验、取得成果。要脚踏祖国大地，胸怀人民期盼，找准专业优势和社会发展的结合点，找准先进知识和我国实际的结合点，力争有所突破、有所发展、有所建树，真正使创新创造落地生根、开花结果。这些重要论述，反映了我们党的深谋远虑，指明了青少年创新的方向，也要求立德树人要着力培养青少年的创新精神。

引导青少年勇于创新创造，要着力培养创新人才，全面深化教育

改革，更加重视教育理念创新、教育模式创新、教育方法创新，更加重视打牢创新基础、倡导创新精神、激发创新活力，更加重视发展创新文化、完善创新机制、营造创新氛围，大幅促进创新人才能力和水平的提升。要着力搭建创新平台，积极打造创新载体，组织青少年结合学习活动、本职工作开展创新活动，挖掘青少年创新潜能，激发青少年创新活力，促进创新链、产业链、市场链环环相扣、有机衔接，为青少年创新提供更多的机会、更好的平台、更大的空间。

四、从培育优良作风做起，引导青少年矢志艰苦奋斗

人类的美好理想，都不可能唾手可得，都离不开筚路蓝缕、胼手胝足的艰苦奋斗。没有艰苦奋斗精神的国家难以发展进步，没有艰苦奋斗精神的民族难以自立自强，没有艰苦奋斗精神的青少年难以担当重任。现在，我们比历史上任何时期都更接近实现中华民族伟大复兴的目标，比历史上任何时期都更有信心、更有能力实现这个目标。"我们要继续赶考"，距离实现中华民族伟大复兴的目标越近，我们越不能懈怠，越要加倍努力，越要动员广大青少年为之奋斗。广大青年要牢记"空谈误国，实干兴邦"，立足本职、埋头苦干，从自身做起，从点滴做起，用勤劳的双手、一流的业绩成就属于自己的精彩人生。要把艰苦环境作为磨炼自己的机遇，不怕困难，攻坚克难，一步一个脚印往前走，勇于到条件艰苦的基层、国家建设的一线、项目攻关的前沿，经受锻炼，增长才干。要勇于创业、敢闯敢干，努力在改革开放中闯新路、创新业，中华民族伟大复兴终将在广大青年的接力奋斗中变为现实。这些重要论述，深刻阐明了艰苦奋斗的时代意义，明确提出了青少年艰苦奋斗的根本要求，也要求立德树人要着力培养青少年的艰苦奋斗精神。

引导青少年矢志艰苦奋斗，要着力教育青少年把艰苦奋斗作为一种政治本色来坚守，在任何时候、任何情况、任何条件下，守牢作风底线、守好精神家园，把艰苦奋斗这个传家宝一代一代传下去，做到永远奋斗、

永不褪色；把艰苦奋斗作为一种价值来追求，时刻绷紧艰苦奋斗这根弦，在市场经济大潮中始终不为名利所扰、不为诱惑所困，在学习、工作和生活中勤俭办一切事情；把艰苦奋斗作为一种行为方式来践行，自觉做艰苦奋斗精神的传播者和践行者，用艰苦奋斗的正能量推动实现中华民族伟大复兴的中国梦。

五、从加强道德修养、注重道德实践做起，引导青少年锤炼高尚品格

道德之于个人、之于社会，都具有基础性意义，做人做事第一位的是崇德修身。德是首要，是方向，一个人只有明大德、守公德、严私德，其才方能用得其所。修德，既要立意高远，又要立足平实。要立志报效祖国、服务人民，这是大德，养大德者方可成大业。同时，还得从做好小事、管好小节开始起步，踏踏实实修好公德、私德，学会劳动、学会勤俭、学会感恩、学会助人、学会谦让、学会宽容、学会自省、学会自律。这些是青少年步入社会后的道德标杆，为青少年立德做人指明了途径。

引导青少年锤炼高尚品格，要着力引导青少年形成正确的道德认知，牢记"从善如登，从恶如崩"的道理，继承发扬中华民族优秀传统美德，始终保持积极的人生态度、良好的道德品质、健康的生活情趣，努力做到慎始、慎独、慎微，守得住做人、处世、用权、交友的底线。要着力引导青少年形成自觉的道德习惯，带头倡导良好社会风气；自觉加强思想道德修养，弘扬爱国主义、集体主义、社会主义思想；自觉倡导社会公德、职业道德、家庭美德；自觉培养团结互助、诚实守信、遵纪守法、艰苦奋斗的良好品质。要着力引导青少年参加积极的道德实践，大力开展学雷锋、学道德模范等活动，大力实践奉献、友爱、互助、进步的志愿精神，大力弘扬中华民族优秀传统美德，大力开展守信光荣、失信可耻教育，把追求真、善、美作为人生目标，以自己全部的情感、意志、信念去践行理想、创造价值，实现高尚人生目标和创造有价值人生的有机统一。

第四节　立德树人评价的价值

立德树人评价工作的价值主要可以从四个方面呈现，其中涉及立德树人工作本身、高校管理者、研究生导师、研究生四个维度，四个维度自上而下递进，最终将立德树人评价工作的价值落实到研究生成长成才上。

一、回归立德树人最本质的教育宗旨，提升立德树人教育质量

立德树人评价工作最主要的价值体现在让导师立德树人教育工作回归立德树人最本质的教育宗旨上。研究生阶段教育最本质的目的在于通过科学、合理、系统的立德树人教育方法培养研究生成长成才。

研究生导师立德树人评价工作能够通过评价过程，将教育工作的重心聚焦在教育的宗旨上。高校开展研究生导师立德树人评价工作，是按照国家对于导师教学工作的总体要求，让教育工作始终站在正确的政治道路上，适应国家、民族、社会发展的需求，能够随着时代的发展，将新时代的要求落实到教育工作中，最终传递到研究生学习的过程中。

二、实现导师队伍的科学管理，建设一支高素质的导师队伍

研究生导师立德树人评价工作能够为高校管理者提供最全面、科学、真实的导师教学工作表现的数据，能够帮助高校管理者从导师最具体的教学工作实际出发，对导师队伍进行更为科学化的管理，以建设一支高素质的导师队伍。

高校管理者通过立德树人评价结果所提供的数据，能够更全面、更深入地了解导师的教学情况，总结工作经验，进而改进工作。高校管理者在制定相应的教育政策措施时，能够有充足而具体的基础数据与信息，对于自身在管理的过程中出现的不足之处，能够及时进行调整。同时，

高校管理者能够充分掌握所制定的政策措施发挥效用的地方。

三、有利于导师改进工作并进行反思

对研究生导师开展立德树人教育工作的评价，可以将导师日常教学等工作中的突出亮点和不足之处及时地反映出来，有利于导师及时调整自己的教学工作。评价结果能够更有针对性地将导师自身教学工作中各个方面的表现较完整地呈现。

导师立德树人评价工作的结果能够引领导师教育价值的取向，将导师教育教学工作引向正确的思想政治方向，为导师传递积极进取、非功利的价值观，帮助导师克服教学工作的惰性，端正教育思想，充分调动导师工作的积极性，为导师的专业发展提供有效的指导。发展性教师评价的方法，侧重于导师的专业发展，能够最大限度地提高导师的专业能力与未来发展潜力。

导师立德树人评价工作的结果，能够充分彰显导师职业的内在价值与尊严，提升教学质量。需要注意的是，导师要摒弃量性敬业，转向质性敬业，以教学质量为核心，以育人、成人为本，切实落实立德树人的教育宗旨。

导师通过将自身现有的工作情况与评价工作中呈现的结果进行对比，能够分析和反思自己实际工作与他人多维评价的差距，从而思考产生这种情况的原因，针对具体问题进行更有效的调整和改进。即使再优秀的导师，在教学工作中也可能会出现各种自己意想不到的问题，这就需要评价工作对导师的教学工作进行有效的调整。导师教学工作的改进，就是不断实践、不断发现问题，针对具体问题进行有效的调整，并总结宝贵经验的过程。如此一来，导师的教学质量才有可能逐步提升，以适应国家、社会、高校、研究生对于导师立德树人教育工作的要求。

四、有助于研究生成长成才

研究生导师立德树人评价工作的成效最终都要作用于研究生成长成才上。所有评价工作的开展都要遵循以人为本的教学理念，也即以研究生成长成才为主。

研究生成长成才离不开国家的政策驱动，离不开高校制定更为详尽的配套措施，离不开导师有针对性的因材施教，自然也更离不开研究生自身的努力与不断探索。研究生导师立德树人评价工作能够将过往及当下导师教学工作中的各种表现，以评价的方式进行呈现。研究生对导师的评价更为直接，导师能够通过研究生对其的评价，清楚学生当下的想法与心理，了解研究生在学习或生活中的状态和心理。评价工作在指导高校管理者制定教学决策的同时，能够将更贴近研究生成长发展的措施惠及更多的学生。评价工作在改进研究生导师教学工作的同时，也在影响着研究生学习与研究的质量，进而解决研究生在学习和生活中遇到的各种困难与问题。

研究生通过立德树人评价工作，能够对高校关于研究生教育的一些方针政策有更深入细致的了解，将自身学业目标与高校的教育发展目标进行有效结合。另外，研究生能够清楚地了解到导师在研究生教育工作中的规划与教学设计，从而更明确自己在校阶段的主要学术和科研方向，更有效地借助导师现有的有利资源，顺利而充实地完成学业和学术研究工作，以实现自身价值。

研究生参与导师立德树人评价工作，可以帮助自身重新梳理研究生教学阶段的各个环节，使自己更清楚自身定位，清楚教育资源和学习资源的分配流程，在今后的学术和科研过程中，能够更便捷地充分利用高校各种资源，提升学习的效率和质量。

研究生导师立德树人评价工作注重研究生身心健康发展。研究生健康的身心有助于提高其在学业上的积极性，有助于提高其学习效率和主动性，集中注意力。无论在学术研究，还是在科研探索方面，都需要学生有极强的专注力，进而才智才能够得到充分发挥和施展。

综上所述，无论从教育方面、高校管理方面、导师方面，还是研究生方面，都能从立德树人评价工作中获得更多信息，帮助各方面工作有序提升。

第二章 研究生导师立德树人评价的研究

第二章 研究生导师立德树人评价的研究

第一节 研究生导师立德树人的历史演进

随着社会步入新的发展时期,我国研究生教育也步入新的发展阶段。在新的时代条件下,我国研究生教育面临着前所未有的发展机遇,但同样存在许多挑战。研究生教育作为国民教育体系的顶端,是培养高层次专门人才的主要途径,直接关系人才培养的质量和水平,是衡量国家高等教育质量和综合国力的重要标志。研究生培养机制的改革促进了导师责任制的完善和发展,也赋予了研究生导师新的责任与使命。

国无德不兴,人无德不立,教师的师德师风建设尤为重要。2016年12月,习近平总书记在全国高校思想政治工作会议上强调要加强师德师风建设,坚持"四个统一",即"教书和育人相统一,言传和身教相统一,潜心问道和关注社会相统一,学术自由和学术规范相统一"。这为新时代的师德师风建设指明了方向,也提出了新要求。党的十九大报告也提出"要全面贯彻党的教育方针,落实立德树人根本任务",立德树人成为新时代教育工作者的根本职责。2018年1月,中华人民共和国教育部发布《关于全面落实研究生导师立德树人职责的意见》(教研〔2018〕1号),该文件明确了导师是研究生培养第一责任人,确立了立德树人是研究生导师的首要职责。2024年,习近平在全国教育大会上指出:建设教育强国是一项复杂的系统工程,需要我们紧紧围绕立德树人这个根本任务,着眼于培养德智体美劳全面发展的社会主义建设者和接班人,坚持社会主义办学方向,坚持和运用系统观念,正确处理支撑国家战略和满足民生需求、知识学习和全面发展、培养人才和满足社会需要、规范有序和激发活力、扎根中国大地和借鉴国际经验等重大关系。研究生教育是教育领域立德树人的最后一站,因此,研究生导师应主动承担起立德树人的职责,将立德树人贯穿课程教学、科学研究等人才培养的全过程,在研究生培养中注重学生个人修养的提高与品德的培养。

在此背景下，本书将通过理论研究与实证调查相结合的方法，分析当前研究生导师在履行立德树人职责中存在的问题及原因，提出解决对策，以期推动研究生导师更好地履行立德树人职责，教育引导研究生坚定马克思主义信仰、中国特色社会主义信念、中华民族伟大复兴信心，立报国强国大志向、做挺膺担当奋斗者。注重运用新时代伟大变革成功案例，充分发挥红色资源育人功能，不断拓展实践育人和网络育人的空间和阵地。

第二节　国内外研究生导师立德树人评价的研究进展

一、国内研究进展

（一）关于研究生导师指导能力构成要素的研究

魏璐瑶在构建财经类院校专业硕士导师胜任力模型时，把导师的指导能力归为技能结构，作为二级指标并以指导技能命名，认为其主要由科研指导能力和实践指导能力构成[1]。周兰芳认为，研究生培养质量的好坏与导师的能力和素质密切相关，其主要从专业知识、科研能力、学位论文、思想道德四个方面探讨了导师对研究生的指导与培养，也进一步阐述了提高导师指导能力的途径[2]。臧明玺和熊承娟通过分析导师的科研水平、管理水平、责任心、生源和质量、研究生的科研态度及整体学习氛围等，提出了提高导师的遴选和考核标准是提升导师指导能力的关键

---

[1] 魏璐瑶.财经类院校专业硕士导师胜任力模型构建与提升路径研究[D].太原：山西财经大学，2018.
[2] 周兰芳.浅析导师的指导能力与研究生培养质量的关系[J].科教导刊（上旬刊），2013（17）：36-37.

因素，认为导师指导能力的提升对提高研究生质量有重要意义①。李俊娜认为，应该从指导研究生建立合理的知识结构、指导研究生学习专业知识、指导研究生掌握科学分析方法、指导研究生做人四个方面强化导师的指导能力②。张志宏在分析专业学位硕士生导师胜任力特征要素时，认为导师应具备教育学、心理学和统计学方面的知识，具有学术前沿指导能力、引导批判与创新能力、指导方向与规范能力③。苏菁和江丰认为，导师的教学水平、培养过程、培养结果是导师团队评价机制的重要因素④。巩亮认为，导师的指导能力与指导年限有关，其指导研究生年限越长，指导经验越多，指导能力也就越强⑤。

（二）关于研究生导师评价体系的研究

鲁媛媛在分析硕士生导师综合素质能力评价指标体系时，运用了文献研究法、Delphi法、系统分析法等多种方法，把指导能力作为一级指标，下设学科环境、培养过程、培养结果3个二级指标以及7个三级指标⑥。戴志刚在构建高校硕士生导师岗位胜任力模型与测评时，把指导能力归为学科专业知识的二级指标，并在指导能力下分研究生管理能力、培养过程控制能力、研究生学习指导能力、营造学术氛围的能力、为研究生提供科研条件的能力、为研究生提供学术交流机会的能力、外语水

---

① 臧明玺，熊承娟.导师的指导能力与基础医学研究生培养质量关系浅析[J].河南职工医学院学报，2012，24（4）：525-527.
② 李俊娜.浅析研究生导师的指导能力及提升策略[J].课程教育研究（新教师教学），2013（13）：20.
③ 张志宏.专业学位硕士生导师胜任力特征要素分析及策略研究[J].长春教育学院学报，2018，34（11）：15-18.
④ 苏菁，江丰.基于导师团队制的研究生培养模式研究[J].黑龙江教育（高教研究与评估），2013（8）：62-63.
⑤ 巩亮.学术型硕士生学术活动影响机理研究[D].徐州：中国矿业大学，2016.
⑥ 鲁媛媛.硕士生导师综合素质能力评价指标体系的研究[D].广州：第一军医大学，2005.

平能力7个指标[①]。施亚玲等以培养质量为导向，通过专家咨询和问卷调查法，构建了研究生导师绩效评价体系，把指导能力分为生源和质量、提供的培养条件、国际化水平3个二级指标和10个三级指标，但缺乏对师德涵养的考核[②]。周晓芳等以华南师范大学为例对硕士研究生展开调研，收集导师评价指标，运用BP人工神经网络综合评价技术进行实证分析，从培养环境、培养过程和培养质量3个二级指标和11个三级指标来研究导师的指导能力[③]。刘彩虹把研究生导师教书育人评价体系与胜任力模型相结合，从引导研究生做人、指导研究生就业、研究生培养质量三个大方面对导师指导能力进行评价研究[④]。

（三）关于研究生导师指导过程的研究

研究生导师指导存在的问题及对策：王国红通过问卷调查分析了硕士生导师在指导过程中存在的不足，这些不足之处主要表现在指导规模、指导时间、指导频率和指导内容上，并从导师角度、高校管理和相关政策三个层次展开论述[⑤]；王德鲁等认为，导师的指导方式对学生的创新能力会产生影响，提倡以民主的方式加强师生交流的主动性[⑥]；饶武元和刘浩以南昌大学为例，认为导师在指导方式上的不同在研究生培养质量上

[①] 戴志刚.高校硕士生导师岗位胜任力模型构建与测评研究[D].南昌：江西师范大学，2017.

[②] 施亚玲，向兴华，李若英.培养质量导向的研究生导师绩效评价体系构建[J].学位与研究生教育，2013（11）：55-59.

[③] 周晓芳，肖鹏，卢勃.从研究生角度建立研究生导师评价指标体系：以华南师范大学为例[J].宁波大学学报（教育科学版），2012，34（6）：100-104.

[④] 刘彩红.研究生导师教书育人评价体系构建研究[J].南昌教育学院学报，2013，28（4）：45-46，81.

[⑤] 王国红.硕士研究生导师指导存在的问题及对策分析[D].上海：华东师范大学，2016.

[⑥] 王德鲁，孙建滨，曹庆仁.研究生导师指导方式的有效性评价及其影响因素研究[J].人力资源管理，2015（8）：201-202.

会产生不同的效果，结果证明导师应支持研究生参与学术交流，强化对研究生科研的训练[1]；张永军和于瑞丽认为导师人数和导师指导风格的差异，也会影响他们对研究生的指导行为，主要体现在研究生创造力、科研能力和学术发展方面[2]。导师指导的作用与影响：戴敬等认为导师在研究生发展过程中发挥着不可替代的作用，主要体现在学术创新、人格特征、具体实践应用、指导研究生选题及使用恰当的指导方法等方面[3]；在美国，导师在学生课程选定、论文答辩、参与课题等的决定中占据主要的指导地位[4]，这与国内学者观念一致；刘恒坤和黄莉认为导师自身的成就直接关系到学生各方面的发展，导师在研究生培养中扮演着引路人的角色，主要表现在确定研究项目、培养信息收集的能力、创新意识的养成等方面，为全方面提升研究生的能力提供参考[5]；庞占喜从就业角度分析，认为导师应从引导学生树立正确的就业观念、培养学生职业化的素养、帮助学生制定合理的就业规划等方面开展就业指导工作[6]。

二、国外研究进展

通过文献梳理发现，国外对导师指导的相关研究大多以制度的形式进行确立和保障，研究内容较为丰富，研究结果具有可操作性。现归纳导师指导的相关研究内容，并从以下两方面进行阐述。

---

[1] 饶武元，刘浩. 导师指导方式与研究生认同度的差异性实证研究：以南昌大学为例[J]. 教育与教学研究，2017，31（7）：107-114，128.

[2] 张永军，于瑞丽. 研究生导师指导研究及思考[J]. 教育与教学研究，2016，30（9）：33-37.

[3] 戴敬，王石，马斌. 新形势下导师在研究生培养中的作用与影响[J]. 沈阳建筑大学学报（社会科学版），2011，13（4）：473-475.

[4] 郑其恭，李冠乾. 教师的能力结构[M]. 广州：广东教育出版社，1993：236.

[5] 刘恒坤，黄莉. 论导师在研究生培养中的作用[J]. 中国电力教育，2011（10）：39-40.

[6] 庞占喜. 研究生导师在就业指导工作中的角色和任务[J]. 大学教育，2015（3）：32-33.

（一）关于导师角色的研究

英国高等教育学会高级顾问克里斯·帕克认为，导师对研究生的指导是一片"秘密花园"，导师与学生在门内，远离公众视线[1]。导师的指导在研究生学术发展中扮演着重要角色，导师不仅指导研究生研究学术，还鼓励他们进一步追求高层次的研学。正如约翰逊认为导师不仅向学生传授知识、提供帮助，还进行学术性和非学术性指导[2]。罗斯教授从导师的品德、导师的指导及师生关系三大维度来划分导师的角色，并认为这种角色处于理想状态[3]。罗斯教授还认为，两性在看待理想导师角色时，所持的态度截然相反，如男性学生更偏向于学术名望高、职权力量大的导师；而女性学生则注重榜样力量，如家庭、事业及综合能力较成功的优秀的导师[4]。还有学者认为，导师和学生之间存在雇佣关系，有些导师给学生灌输专业化思维，以一种委托人的身份给学生提供专门的职业性岗位。除职业发展指导外，奥弗罗尔等认为研究生对导师的指导应有发言权，导师也应尊重研究生的观点，这样不但弥补了导师在指导过程中存在的短板，而且保障了质量[5]。

---

[1] Lancaster University. The end of the secret garden: Reframing postgraduate supervision [EB/OL]. [2018-01-29].http: //www.lancaster.ac.uk/hr/OED/CPD/rsarchive/files/ChrisPark.pdf.

[2] BRAD J W.Transformational Supervision: When Supervisors Mentor[J]. Professional Psychology: Research and Practice, 2007, 38（3）: 259-267.

[3] ROSE G L.Enhancement of mentor selection using the Ideal Mentor Scale[J]. Research in Higher Education, 2003, 44（4）: 473-494.

[4] ROSE G L. Group differences in graduate students' concepts of the Ideal Mentor Scale[J]. Research in Higher Education, 2005, 46（1）: 53-80.

[5] OVERALL, DEANE, PETERSON. Promoting doctoral students' research self-efficacy: Combining academic guidance with autonomy support [J]. Higher Education Research & Development, 2011, 30（6）: 791-805.

（二）关于导师指导考核的研究

学者对导师指导方面的研究主要从导师制和一些相关制度层面进行分析，这些研究在欧美发达国家得到了充分发展。研究生导师考核评价制度不仅在导师发展方向上起着引领作用，还是向社会公众负责和回应的主要方式。

卡弗里认为教师工作能力的提高，需要高质量的、基于绩效管理的常规反馈，即使是负面的反馈[1]。牛津大学为了保障导师对研究生的指导，制定严格的规定与问责机制，并产生了内外保障机构。其中，英国高等教育质量保障署作为英国高等教育外部质量保证的权威机构发挥着巨大效能[2]。唐纳德·肯尼迪认为，在美国，由于某些自然因素，在一些大型的研究型高校中，终身任职制度将逐渐被废除，这反映出美国在人才选拔中会采用优胜劣汰的手段和方法，导师将时刻面临着被解聘的压力和风险，因此导师要居安思危，不断学习，防患于未然[3]。宋心果等也认为在美国相关高校中，对导师的指导能力有严格的规定[4]。玛丽安·迪皮耶罗提出，通过对博士生的论文进行中期审查和考核，可以激励、监督和催促研究生指导教师对学生的管理，以此来提高导师对自身肩负责任的重视度，增加指导频次，改善指导成效，使研究生的学位论文达到学术要求的标准和水平，并尽可能地做到尽善尽美[5]。评价主体方面，美国、日本等发达国家形成了较全面的、多元的导师评价制度，主要包括

---

[1] PETER C.The Higher Education Manages Handbook: Effective Leadership and Management in Universities and colleges[M]. London and New York：Routledge Falmer，2004：137-138.

[2] 王轶玮.英国顶尖研究型大学研究生导师制度及其启示：以牛津大学为例[J].学位与研究生教育，2018（10）：71-77.

[3] [美]唐纳德·肯尼迪.学术责任[M].北京：新华出版社，2002：168.

[4] 宋心果，叶淑萍，张传香.英美研究生导师制的经验与启示[J].淮南职业技术学院学报，2017，17（1）：108-110.

[5] MARIANNE DI PIERRO.Debriefing：An Essential Final Step in Doctoral Education[J]. To be Journal for Quality and Participation，2007（Summer）：76.

学系或院系评价、同行评价、学生评价三大评价体系[①]。

三、文献述评

通过对国内外文献的梳理和分析，我们认为，关于研究生导师指导能力的研究呈现如下三个特点。

第一，从研究主题来看，大部分内容主要是研究生培养质量、师生关系、导师指导方式、指导模式、指导作用等方面的研究，虽然对导师评价有所涉及，但是相关研究大多是碎片化的，并没有形成完整的体系。

第二，从研究方法来看，相似的研究很多，水平不高，深度不够，有的采取单一的实证手段，如根据调查数据进行浅易的量化分析；有的完全是在以往研究的基础上进行纯理论、纯概念的思考与总结。

第三，从研究结果来看，大部分研究针对导师的学术能力、品德修养及导师的指导效果展开评价和论述，并没有对导师的指导能力各项具体指标进行深入系统剖析。总之，已有研究成果为本研究提供了先行基础，本研究将会充分借鉴和吸收前人的研究成果，进一步拓宽研究的边界和范畴，系统地构建研究生导师指导能力评价指标体系。

第三节　研究生导师立德树人评价的逻辑理路

研究生导师立德树人评价工作首先要明确评价目标；而后构建全面、科学、合理的评价指标体系；再确定最适宜的评价方法，可以一个评价方法为主，同时融入其他评价方法的理念；明晰评价模型，从整体及更深层次对评价工作有一个更深的理解与认识；通过科学的方法，确定评价主体与评价对象，保证评价主体覆盖面更广且更具有代表性，明确评

[①] 苏菁，江丰.基于导师团队制的研究生培养模式研究[J].黑龙江教育（高教研究与评估），2013（8）：62-63.

价对象，明确评价工作的重心，让各项评价工作围绕这一工作重心细分和推进；然后开始实施评价工作，得到最后的评价信息和数据，并对这些收集的信息和数据进行汇总和整理，通过专业的统计方法对这些信息和数据进行全方位的分析处理，得到评价结果，最终形成评价结果报告；将评价结果报告交予评价主体和研究生导师，让评价主体对照报告，总结自身评价工作中出现的差异，让研究生导师对照报告，调整并改进自身在立德树人教育工作中存在的不足之处；通过反馈环节的工作，提出各个方面对应的改进措施，以帮助评价主体在未来的评价工作中做出更为科学、客观、合理的评价结果，更重要的是，帮助研究生导师在未来的立德树人教育工作中，无论在教学质量、教学方法、教学理念，还是在学术科研领域，都能有质的提升，能够培养出更为全面、专业、高素质、能力强的综合性高层次人才。

一、确定研究生导师立德树人评价的目标

开展研究生导师立德树人评价工作，先要确定评价工作的目标和评价工作的方向性，而后评价过程中的一切工作都围绕着评价目标展开。确定了评价的目标后，需要对评价目标进行深入的解析，对目标进行拆解，可以将最初的总体目标进行细化，帮助评价工作逐步落实执行。另外，需要确定评价工作的维度，主要从过程与结果两个维度进行建构，也就是一方面要对研究生导师立德树人工作的各个过程性指标进行全方位的评价，另一方面要对研究生导师立德树人工作的各项结果性指标进行全面而系统的评价。确定了两个关键性的评价维度后，也就有了研究生导师立德树人评价工作的一个清晰的逻辑理路。

二、构建研究生导师立德树人评价指标体系

研究生导师评价指标体系的构建，需要明晰评价指标体系的框架构成，分析目标的达成度及成长度；需要从过程和结果两个维度进行建构，

即围绕研究生导师立德树人教育工作的过程和成效两个方面建构评价指标，从这两个主要维度向下逐层细化，形成三级评价指标。一级评价指标为研究生导师立德树人过程和立德树人成效两个部分，在二级评价指标中，过程和成效两个部分均从立德树人、教学、科研三个方面进行设定，而三级指标的设定，从研究生导师立德树人教育工作的具体实践出发，做最后的细化，最终形成三级逐层递进的指标体系框架。

在这些评价指标中，涉及指标的达成度和成长度，既包含基本的工作事项，也包括一些具体成长和发展的评价指标。这一方面为了考核研究生导师立德树人的日常工作是否达标；另一方面为了考核研究生导师是否具有应对未来工作的教学理念与教学方法，在立德树人的教育方面是否具有创新和开拓的精神。

三、研究生导师立德树人评价方法

常见的评价方法有360度反馈法、模糊综合评价法、平衡计分卡方法和层次分析法。对研究生导师立德树人工作进行评价，主要运用360度反馈法，评价主体选取与研究生导师立德树人教育工作相关的各个方面。构建评价指标体系时，运用了层次分析法的方法理念，对评价指标进行三级细化，将评价目标逐层落实到研究生导师立德树人教育工作的实践中，让总体的评价工作具有更强的可操作性，让评价主体对研究生导师进行评价时，更易于操作。

四、研究生导师立德树人评价模型

研究生导师立德树人评价主要应用了冰山模型。冰山模型将研究生导师立德树人教育工作所需要的素质主要分为外显素质与内隐素质两方面，外显素质包含基本知识和基本技能两部分，而内隐素质包含动机、个人特质、自我形象和社会角色四部分。外显素质是研究生导师应具有的最基本的工作素质，是一切立德树人教育工作的基础，这一部分素质更容易通过量化的方式测定其相关评价指标的达成度。内隐素质是研究生导师立德树人教育工作的重点内容，与其相关的评价指标不容易通过量化的方式进行评定，有些指标只能通过定性的方式对其进行描述，而一些评价指标需要将定量与定性两种评价方式进行结合，以便能更准确地对研究生导师进行更加科学、准确、全面的评价。

五、确定研究生导师立德树人评价主体和评价对象

在研究生导师立德树人评价工作中，确定评价主体和评价对象是重要的环节。评价主体选取水平的高低，会直接影响评价工作所收集信息的科学性、合理性、代表性、系统性、全面性。因此，可以先确定评价主体的范围，明确与研究生导师立德树人工作相关的各方。确定大体范围后，再从每个范围中筛选出最具代表性的评价主体，这时可侧重于评价主体与研究生导师立德树人教育工作的关联度，尽可能选取关联程度高的评价主体。评价主体与研究生导师立德树人工作关联程度越高，表明对所需评价的内容和事项有更高的认识与理解程度。最终，所得到的评价结果也更具代表性，更加科学合理，对于未来研究生导师立德树人工作的改进与提高更具指导意义。

评价工作的评价对象是研究生导师立德树人教育工作的过程和成效。对此再进行细分，在过程和成效中，都可以从立德树人、教学、科研三个方面开展。但总体来说，需要明确的是，评价的对象就是针对研究生导师立德树人教育工作开展的。因此，评价主体所有评价的内容和事项都需要围绕这一点进行。

六、研究生导师立德树人评价实施

研究生导师立德树人评价工作在具体实施中，简要来说，就是明确评价目标，构建评价指标体系，建立适合评价工作开展的评价模型，通过科学合理的评价方法，明确评价主体和所需评价的对象，在评价工作组委会的组织与协调下，评价工作人员有条不紊地开展具体的评价工作。

七、研究生导师立德树人评价反馈

评价主体在完成评价后，组委会要对评价信息和数据进行系统的整理和分析，统计各项内容，最终形成一份全面翔实的评价结果报告，为各方评价主体和研究生导师提供评价反馈。

各评价主体看到整体评价结果，对比自身与总体评价中存在的差异，能够对自己在评价工作中的表现有更深刻的认识，完善和改进自己的评价行为，为下一次评价工作提供指导。

八、研究生导师立德树人评价改进措施

在完成评价反馈工作后，评价工作的组委会对评价工作的整体流程和结果都有了完整的认识，同时，会发现其中存在的诸多不足之处。无论评价主体在对研究生导师进行评价的过程中，其主观因素所占的比重有多少，都需要通过相应的措施和更加科学合理的评价方法，最大限度地约束评价主体的主观因素，将主观因素限制在尽可能小的范围内，让最终得到的评价结果更趋于科学、合理，更具有指导研究生导师立德树人教育工作的价值。

综上所述，研究生导师立德树人评价工作在开展前，应当先确定评价的总目标，明确评价工作的方向性。而后，确定三级评价指标，构建评价指标体系，将评价总目标逐步细化，最终落实到导师立德树人教育的具体工作实际中，使评价工作更易于操作。再通过360度反馈评价法，同时辅以其他评价方法的理念，对研究生导师立德树人教育工作进行全方位的评价，确定科学合理的评价模型，明确评价时评价内容的侧重点，理解所评价内容在各个方面的地位和作用，同时，能够对整个评价工作有一个整体性认识。接下来，明确评价主体与评价对象，对评价主体的筛选要科学、严谨，更要考虑每一个评价主体是否最具代表性；而确定

评价对象是进一步明确评价工作所需要服务的客体，即明确评价工作的最终目的。在所有评价所需要的要素准备齐全后，就要正式开展评价工作，评价工作如何具体地、有条不紊地落实到位，是评价实施过程的全部内容。在评价工作全部实施完成后，将得到最后的评价结果，对评价结果进行信息和数据的汇总和整理，再对所有信息和数据进行全面的分析，而后将分析的内容形成最终的评价结果报告，评价阶段的工作即结束。下一步将评价结果报告拿给各个评价主体和研究生导师查看，必要时，评价工作人员应当向评价主体和研究生导师解释评价报告中的相关内容或问题，在纠正评价主体和导师各项行为的同时，为研究生导师立德树人评价工作的改进提供指导性意见。最后，通过以上各项评价工作以及各个参与方的积极反馈，能够帮助评价工作的组委会更好地改进评价工作，不断完善评价过程。相关的反馈信息也为评价工作的改进措施提供了宝贵的建议和启发。

第四节　研究生导师立德树人评价的必要性与可行性

一、研究生导师立德树人评价的必要性

随着人类科技水平的不断提高以及经济社会的不断发展，人类进入一个以知识为依托的高速成长时代，整个社会也逐渐对高水平、高层次、创新型人才有着更高的要求。研究生教育在培养高层次顶尖人才方面起着举足轻重的作用。导师在研究生培养的过程中是第一责任人，其肩负着为国家培养创新型高端人才的重要使命和担当，是研究生教育中不可缺少的关键主体，负责引导研究生进行前沿学科的研究，指导其科学研究的方法，教导其秉持严谨的学术规范，在研究生教育中发挥应有的关键性作用。

教育部在2005年发布并实施了"研究生教育创新计划",提出要进一步提高研究生的创新能力,提升研究生的质量和个人素养;明确了研究生导师在培养过程中所占有的重要地位,应当不断加强研究生导师的队伍建设,更多地支持并鼓励优秀的研究生导师。[1]《国家中长期教育改革和发展规划纲要(2010—2020年)》中指出,要将研究生机制改革引向深入,并不断完善,为满足国家社会技术发展的需求,应当开展专业性的研究,推行产学研相结合的培养模式,着重培养应用型技术人才;在这一过程中应实施有特色的导师制,并给予相应项目一定程度的支持力度。[2]

近些年,研究生的培养规模不断扩大,在研究生的培养过程中,出现了诸多重规模而轻质量的情况,从而一定程度上制约了研究生整体素质的提升。另外,一部分研究生存在科研意识薄弱、创新能力不足、学术行为不够端正等一些现实情况,这些情况的出现很大程度上影响着研究生学术水平的提高和个人素养的提升。2013年,教育部、国家发展改革委、财政部三部委联合下发了《关于深化研究生教育改革的意见》,其中提出了通过改革评定制度、强化导师责任、提升指导能力,健全以导师为第一责任人的责权机制。[3]2014年3月,国务院学位委员会、教育部从导师层面制定了一系列的监督制度,以保证研究生教育的质量,其中包括激励与问责制、考核评价办法等。[4]2018年2月,教育部规范

---

[1] 教育部.关于实施研究生教育创新计划加强研究生创新能力培养进一步提高培养质量的若干意见[EB/OL].[2005-01-21].http://www.moe.gov.cn/s78/A22/s7065/201410/t20141021_178119.html.

[2] 国家中长期教育改革和发展规划纲要[EB/OL].[2010-07-29].http://www.moe.gov.cn/srcsite/A01/s7048/201007/t20100729_171904.html.

[3] 教育部,国家发展改革委,财政部.关于深化研究生教育改革的意见[EB/OL].[2013-03-29].http://www.moe.gov.cn/srcsite/A22/s7065/201304/t20130419_154118.html.

[4] 国务院学位委员会,教育部.关于加强学位与研究生教育质量保证和监督体系建设的意见[EB/OL].[2014-01-29].http://www.moe.gov.cn/srcsite/A22/s7065/201402/t20140212_165554.html.

了研究生导师素质、岗位职责和评价机制等，进一步强化了研究生导师立德树人的根本任务。[①]2020年7月，全国研究生教育会议召开，教育部等部委联合发布一系列政策文件，包括《关于加快新时代研究生教育改革发展的意见》《关于进一步严格规范学位与研究生教育质量管理的若干意见》《关于加强博士生导师岗位管理的若干意见》《专业学位研究生教育发展方案（2020—2025）》《研究生导师指导行为准则》等。2020年11月4日，教育部印发《研究生导师指导行为准则》，明确规定研究生导师指导行为的准则之一就是"构建和谐师生关系"，即落实立德树人根本任务，加强人文关怀，关注研究生学业、就业压力和心理健康，建立良好的师生互动机制[②]。

以上文件的相继出台和发布实施，让研究生导师的职责划分进入一个制度化和具体化的良性发展轨道，对研究生导师进行专业化评价的重要性也随之凸显。

研究生导师立德树人在诸多方面迎合了现实的需求，无论对于中华民族伟大复兴、高校的全面发展，还是对于研究生整体素质的培养，都发挥着极为重要的作用。

（一）研究生导师立德树人是实现中华民族伟大复兴的中国梦的需要

国家的繁荣昌盛和社会经济的持续发展需要大量有志之士和人才参与其中，尤其是研究生一类的高端人才，在社会主义现代化建设和中国梦实现的道路上发挥着关键性的、不可替代的支撑作用。国家和社会在发展过程中可能会遇到各种各样的挑战和难题，但只要人才队伍，特别是高端人才队伍能够发挥出自身应有的能力与智慧，也就能够解决所

[①] 教育部.关于全面落实研究生导师立德树人职责的意见[EB/OL].[2018-02-29]. http://www.moe.gov.cn/jyb_xwfb/gzdt_gzdt/s5987/201802/t20180209_327165.html.

[②] 中华人民共和国教育部.研究生导师指导行为准则[EB/OL].（2020-11-04）[2021-05-23]. http://www.moe.gov.cn/srcsite/A22/s7065/202011/t20201111_499442.html.

遇到的各种艰难险阻。正因如此，国家、社会、高校、导师必须重视立德树人，为国家和社会发展培养更多高素质、高水平、高能力的专门人才。研究生导师要把立德树人作为研究生教育教学过程中一项重要的抓手，为研究生提供一个健康、良性、高质量的成长环境，鼓励其自由地进行创新实践，思想开放地进行各项专业领域的研究，引导并教育研究生形成并保持良好的道德品行，踏实学术研究心态，秉持乐观的人生态度。研究生在导师的教育与引导下，应将个人理想融入国家理想中，使个人的成长与国家的发展规划同步，迎合时代发展所需，不断健全自身德行和能力，持续通过自身努力，使自己成为实现中国梦道路上的重要力量。

（二）研究生导师立德树人是高校实现内涵式发展的需要

高校内涵式发展意为高校围绕人才培养质量的提高，通过内部结构要素的不断优化，在自身发展过程中持续激发内在活力。研究生培养工作的第一责任人是研究生导师，在研究生培养质量提高的工作中，导师扮演着极其重要的角色，并且导师对于高校内涵式发展的充分实现能够起到良好的促进作用。

因此，高校研究生教育及高校实现内涵式发展，需要一批品德高尚、学术能力出众的研究生导师作为基础保障。研究生导师需要不断提升自身整体素质，培养高尚品格，增强责任意识，发挥榜样的引领作用，为研究生作出表率，不断推动研究生的全面发展，将立德树人工作真正落到实处。

（三）研究生导师立德树人是提高研究生整体素养的需要

当今社会，经济日益增长，人们物质条件不断丰富，生活水平随之不断提高，人们的欲望与攀比心也在不断增长，致使人们对于现实的追求逐渐强烈，受拜金思想的影响日甚。一些研究生不同程度地受这种环境和思想的影响，理想与信念变得不坚定，读研的目的不纯粹。有的是为了凭借高学历找到一份更好、更稳定的工作；有的是为了满足父母或家人的一份沉重的希望寄托；有的是本科毕业后没有明确的人生规划和工作计划，只是将读研作为一个无目的的补充；有的是跟随其他同学或朋友读研；有的是为了解决在大城市落户的现实问题。种种情况，从根本上来看，都与研究生教育的本质目的相背离。在研究生教育阶段，研究生的理想与追求应是通过专业的科学研究，对求知领域进行探索，发现新的问题，通过自己的专业性与创新性的思路，解决这些问题，或是提出解决这些问题的思路和方案。

另外，有一些研究生爱国主义思想不坚定，在网络上发表一些不当言论，这些行为不仅影响个人声誉与形象，也严重影响着社会风气，高层次人才更容易引发不良的社会影响，让社会大众降低对研究生群体的评价预期。还有一些研究生虽然具备较高的学术修养，有着出众的科研能力，学术研究成果也较多，在学术领域有了一定的影响力，但在个人品行方面较为欠缺，品行不端，道德修养不足以匹配其已有的成就。

各种不良情况的出现，更能突出研究生教育阶段立德树人的重要性，特别是在当今社会意识形态逐渐多元化的背景下，研究生可以接触到大量信息，各种思想与观点交错融合，多元文化碰撞，研究生的世界观、人生观、价值观更容易受外界环境影响。因此，研究生导师立德树人工作在如此背景下更凸显其必要性与紧迫性。

总而言之，随着导师队伍建设的不断加强，具有道德情操、理想信念、宽厚仁爱、扎实学识的研究生导师将不断涌现，我国研究生教育的改革工作将得以持续向前推进。与此同时，研究生整体道德品行、素质与学识也将不断提升。而不断强化研究生导师能力水平建设，需要对导师立德树人评价工作不断进行探索，并持续完善研究生导师立德树人评价体系。

二、研究生导师立德树人评价的可行性

围绕研究生导师的立德树人,系统而全面地分析研究生导师立德树人组成要素,并在此基础上构建起科学有效的评价体系,从理论与实践两个层面,对我国研究生教育的长足发展都具有深远的意义。

(一)理论层面可行性

研究生教育所研究的重要内容是不断完善研究生导师的队伍建设,通过教育学、社会学、管理学等多个学科的有机结合,系统地研究研究生导师立德树人以及评价体系,这将会促进研究生教育管理的不断改进和完善,进而拓展研究生教育理论体系的内容,延伸研究生教育多门学科的研究范围和角度,有力地推动研究生教育体系更具有全面性和系统性,并有利于其优化和发展。

科学的理论是实践的重要指导,而实践反过来可以推动理论的不断丰富和发展。对研究生进行立德树人教育,需要有丰富而坚实的理论作为支撑,在不断地实践中,理论也能够逐步完善和丰富。

1. 马克思关于人的全面发展的理论

人的全面发展主要指人在劳动能力上的全面发展,即人在各个方面都能够全面、充分、自由、和谐地发展,最终达到物质与精神两个层面的满足。人的全面发展理论是马克思主义学说的核心理论,同时也是极为重要的理论,说到底是从根本上实现人的自由和解放,尤其是人思想的自由和解放,进而指导人行为的自由和解放,最终促使人的全面发展。人们生存的一个重要意义是能够劳动,并且可以通过劳动创造生存所需的物质,从中也可以获得精神上的极大满足。劳动能力的全面发展是人的全面发展中最为重要的内容,它可促使一个人向更加全面、完善的方向发展。人的思想与意识决定着人的行为,因此,想要让一个人在行为上有所改变,需要从思想上入手,解放其思想,给予其充分的自由发挥

的空间，使其在行为和实践中充分施展自身的能力。

人的全面发展理论的前提是人的本质理论。在马克思和恩格斯看来，"人的本质不是单个人所固有的抽象物，在其现实性上，它是一切社会关系的总和。"[①] 其中强调了人是社会中的人，从现实意义来看，人的一切行为和实践都是与社会各种关联的聚合，当社会为人的全面发展提供了充分而良好的条件时，人的全面发展才具有实现的可能性。人的发展应当与社会的发展实现同步，人理应时刻关注并满足社会发展的需要，以现有的社会发展背景和条件，实现个人的理想与信念，服务于社会发展。从根本上理解人的本质理论，可以厘清立德树人与这一理论之间的关系，还可以为研究生导师立德树人教育提供重要的理论基础。

人不可能独立于社会之外而生活和工作，只要生存在社会之中，就会或多或少与所处的社会产生千丝万缕的联系。人的思想与行为影响着社会的发展，同时也在受社会思想与社会环境的影响。人生存的价值与意义体现在能为这个社会创造出多少价值以及创造什么样的价值上，人在满足社会发展所需时，自身价值也得到充分体现。

随着社会经济的不断发展，生产力与生产关系在不断发生变化，而人类的社会形态不断发生着变化、更替向前，人自身全面发展的程度也在不断提高。在马克思看来，人类社会形态主要可以分为三个阶段：对物质的依赖关系阶段；以物质的依赖性为基础的人的独立性阶段；建立在个人全面发展所需的人们共同的、社会的生产能力基础上的，从属于他们的社会财富的自由个性阶段。这为从更深层次理解研究生导师立德树人教育提供了深入的理论解释。

社会处于什么样的发展阶段，相应地，就会以一个相适应的社会形态与其匹配，人也就会拥有什么样的物质基础和时代背景。最初，人们是完全依赖于物质条件，与物质世界有着紧密的联系，其生存与劳动几

[①] 马克思，恩格斯. 马克思恩格斯选集（第1卷）[M]. 北京：人民出版社，1995：60.

乎完全依赖于物质。当人们逐渐具有独立意识时，对于物质的依赖程度逐渐下降，但此时人还是以对物质的依赖为主。随着人的独立性和独立意识逐渐增强，人类自身不再只是单一的发展，而是向全面发展迈进，人类与社会的联结更加紧密，拥有的社会财富逐渐增多，并且对于物质的依赖性进一步下降，因此，有了更多的时间和精力关注于自身的发展，并且可以将自身的发展与社会发展同步，这时人的个性与思想可以得到完全的释放。从中可以看出，人的全面发展是建立在一定的物质基础上的，当物质条件达到一定程度时，人们不再只关注物质，而是可以把更多的时间和精力转移到个人的整体发展与社会发展上来，此时人才有可能实现全面发展。

另外，物质条件的充足是人全面发展的一个重要基础，但不是必要的条件，人可以同时进行物质层面和精神层面的发展，物质可以为人提供必要的生活和劳动所需，而精神则有助于提高人获得物质的能力。当人的精神层面匮乏或是不成熟时，人所获得的物质条件不能发挥更大的价值。深入地理解马克思关于人的全面发展的理论，有助于研究生导师立德树人教育质量的提升，并能够帮助研究生正确处理好个人发展与社会发展的关系。

2. 马斯洛需求层次理论

马斯洛需求层次理论主要包含五个方面：生理需求、安全需求、归属与爱的需求、尊重需求以及自我实现的需求。生理需求主要包括衣、食、住、行、性等人的最基本的需求，这些需求在人的所有需求中最为重要，也最为有力。安全需求主要指人们需求安全、稳定、有秩序、不焦虑等的环境。归属与爱的需求主要指人的社交需求，人与其他人所建立起的关系与感情联结。尊重需求指对自己的尊重和对他人的尊重。自我实现的需求指人们实现自身价值，并不断将其完善的需求。

在马斯洛五个需求层次中，最高层次的需求是自我实现的需求。五个层次的需求也由低级向高级递进，这也与人在成长过程中的需求规律相吻合，人从出生到成人都是在满足了基本需求的基础上，逐渐向更高层次的需求发展。每个人在不同的成长阶段都有着不同的需求，马斯洛的需求层次理论为研究生立德树人教育提供了有力的阐释，其系统而深入地分析了人的需求情况，可以指导研究生导师在立德树人教育过程中更有针对性地开展教育工作。

学生在研究生学习阶段，心智更为成熟，思想与行为更趋于理性，在知识层面也有更充足的储备，具有更强的主观意识与独立性。因此，在这一阶段进行立德树人教育，可以帮助其建立更完善的人格和更全面的道德素养。导师应当充分了解研究生的个体需求，在此基础上，准确把握研究生在成长和成才过程中的发展规律以及心理变化，因材施教地进行研究生立德树人教育，这样才能收到显著的效果。

研究生阶段，学生处于一个接受大量知识与信息的时期，相较于义务教育阶段，已不是被动式的学习，而是需要主动探索和学习自己所研究领域内最前沿的知识与信息，需要有更高的自主学习能力与综合能力，同时，更需要自主创新能力。但也正因为研究生有更强的自主能力和独立意识，能够接触更多的前沿知识与信息，也就更容易受各种新的思想与意识影响。因此，在这一阶段对其进行立德树人教育成为重要的教育内容，导师的立德树人教育能力与水平显得尤为重要。通过对导师立德树人教育水平和能力进行评价是提升导师立德树人教育水平的重要环节。马斯洛需求层次理论为这一评价过程提供了更为细化的内容和要素，有助于研究生导师立德树人评价体系更为系统和全面。

3. 个体社会化理论

个体社会化理论是个体在参与社会实践活动时，将社会所期望的价值观和行为规范进行内化，与个体的发展所需相协调，获得社会发展所需的知识与能力，以适应社会的发展与变化。教育可以促使人有效地融入社会生活，满足社会发展的需求，是实现个体社会化的一条主要途径。教育不仅有助于人实现个体的社会化，也可以实现人的"个性化"。每个人都有不同的成长经历、不同的成长环境、不同的知识结构以及不同的认知水平，因此，个人在接受教育的过程中，对知识与技能的接受与吸收程度均不尽相同，也就产生了不同于其他人的个人特质，表现出个性化的一面。每个人所表现出的独特品质与能力会在个体社会化的过程中得以充分发挥，实现个人的全面发展。

立德树人是研究生自身思想品德社会化的过程，是研究生将正确的世界观、人生观、价值观、道德观进行内化，转化为自身成长的基本素养的过程，这一过程帮助其形成正确的道德认知，同时体现在外在的行为实践中。研究生导师立德树人教育能够帮助研究生形成良好的道德品质，并不断完善其人格。

研究生在实现个体社会化的过程中，个人价值与能力的实现不仅体现在学术研究水平与研究成果上，还体现在其道德素养与积极且正确的三观能够满足社会发展所需上。一个能力突出、学术研究成果丰硕，但道德素养不足、品行不端的研究生，并不能为社会发展作出更大的贡献，反而会影响社会的正常运转。因此，在侧重研究生学术研究能力的同时，还应当紧抓研究生立德树人教育，在这一方面，研究生导师立德树人教育起到关键性作用。而对研究生导师立德树人能力和水平进行评价是这项教育过程中一个重要的环节，从个体社会化角度对导师进行评价，可以有效地补充和完善相关评价体系。

（二）实践层面可行性

研究生教育的核心内容是培养质量如何提升，而导师立德树人能力是影响研究生培养质量的重要因素。近些年，国内高校逐渐重视研究生导师立德树人能力的提升，同时，更加重视对研究生导师立德树人工作的评价。目前，大部分高校更加重视对研究生导师科研水平指导能力提升的评价，而从立德树人角度对导师评价仍显不足。研究生导师的整体评价体系存在单一性、片面性情况。另外，一些高校对研究生导师立德树人的评价较为宽泛，缺乏更有针对性的指标。因此，通过不断完善研究生导师立德树人评价指标体系，能为高校研究生导师立德树人提供更为全面、系统、客观、公正的评价标准，有利于高校进一步规范研究生导师队伍，提高导师立德树人能力，进而保证研究生整体素质的提升。

第三章 研究生导师立德树人评价目标

第三章 研究生导师立德树人评价目标

第一节 评价目标的解析

研究生导师立德树人评价的目标，从总体上来看，主要分为两个方面：立德和树人。立德侧重于研究生导师思想道德层面，而树人主要侧重于研究生教育层面。

一、立德

"立德"为确立品德、建立德业，普遍认为其来自《左传·襄公二十四年》中所记载的"立德、立功、立言"的"三不朽"一说，其意为培养高尚纯洁的品德。

立德主要侧重于研究生导师思想政治、品德发展、学风教育、学术道德和诚信等方面。

在立德方面，主要包括研究生导师自身的思想道德水平，在教学、学术、科研等方面的道德和诚信表现，培养研究生思想道德的水平和能力以及研究生参加社会实践活动的情况。

（一）研究生导师自身思想道德水平

研究生导师自身思想道德水平包括思想政治水平、品德发展。研究生导师在进行立德树人教育时，首先要具备一定高度的思想政治素养，具有更高的政治觉悟，以国家、民族、社会的繁荣发展为己任，拥有远大的理想与追求，能够以身作则，为研究生成长成才作表率。只有导师具备这些高尚的道德情操，站在更高的政治站位上，其所表现出的思想和行为才能真实地被学生感受到。如若导师不具备上述高尚道德与理想，而只是想通过行为刻意表现出自己的高尚而远大的理想，很容易被研究生看出问题。

（二）在教学、学术、科研等方面的道德和诚信表现

在教学、学术、科研等方面的道德和诚信行为可以表现为开展学风教育、科学教育和学术诚信教育以及导师在教学工作中表现出的责任心、教学态度和教学热情。

研究生导师先要在教学、学术和科研等方面表现出更高的道德行为以及真实的诚信行为：无论在教学工作中，还是在学术和科研方面，都以事实数据为依据，尊重客观事实，不编造实验或调查数据，一切教学行为，或是学术科研工作，都以真实数据为根本依据，一切新发现和创新性想法都以真实、客观的数据和信息为基础。除了在学术上要以客观事实为依据，还要具有严谨的科学态度，对待学术或科学研究要保有一颗纯粹之心，排除一切杂念，不受各种外界因素的影响，专心于自己的研究。研究生导师通过自身各方面的表现，可以带动高校良好学风，进一步规范科学道德，践行学术诚信行为。

研究生导师首先要对自己所从事的专业领域和学术领域抱有极大热情，投入无限的时间和精力，甚至将自己的一生奉献于自己所热爱的专业与学术研究，为国家、民族、社会贡献更多更有价值的学术成果和创新成果。导师所表现出的对专业与学术上的热爱之情，能够通过每个细小的行为传达给研究生，感染学生的学习、科研、实践行为。研究生会不自主地依照导师的日常行为，学习导师对专业和学术科研的热爱之情，对自己所进行的无论是学习、学术研究，还是社会实践活动，都抱有更浓烈的热情，并以最大的热情与理想，面对自己在学习、生活、就业等各方面所遇到的或大或小的问题。

研究生导师除要在专业领域和学术领域长久抱有强大的热情外，还应对研究生学习阶段的各项事宜持有矢志不渝的责任心。研究生导师的首要任务就是培养研究生成人成才，把研究生培养成为对国家、民族、社会有用之人。研究生导师所担当的角色及自身的职责所在，要求其对研究生的成人成才应尽职尽责尽心。无论面对什么情况、什么水平的研

究生，导师都对其未来的人生规划和发展负有一定的责任，要帮助其顺利成长成才。

从某种程度上来说，导师需要拥有学术研究的极大热情，对待科学研究具有持之以恒的严谨态度，尊重事实和客观规律。

（三）提升研究生思想道德的水平和能力以及研究生参加社会实践活动的情况

培养研究生思想道德的水平和能力以及研究生参加社会实践活动的情况，包括导师鼓励支持研究生参加社会服务和志愿服务活动。

研究生导师对学生在思想政治方面的教育只是思想层面的教育，而通过广泛的社会实践活动能够真正体现研究生思想道德水平和素质。也只有通过各种形式的社会实践活动，才能让研究生真正检验自身思想政治的觉悟能力，真正感悟社会责任心，明白如何在社会实践活动中发挥自身的聪明才智，成为一个有用之人。

通过社会实践活动，研究生能够与现实生活有更多的接触，可以深刻理解社会生活的本质，从实践中培养好奇心，激发想象力，不断磨炼意志，锻炼发现问题和解决问题的能力，培养自主处理事情的意识。一些社会实践活动表面上与研究生所从事的专业领域没有任何关系，但从中所锻炼出的解决问题的能力以及在解决问题之后逐渐培养起来的自信心，能够在研究生学术研究中发挥重要作用。

二、树人

"树人"为培植人才成长、培育人才之意，是西汉《管子·权修》中治国治民"终身之计，莫如树人"思想的延伸。

树人侧重于研究生专业能力水平，科研成果、学术论文和学位论文，科研实践和学术活动等方面的内容。

（一）研究生专业能力水平

研究生专业能力水平意指其在专业领域范围内所具有的能力与潜力，对于本专业知识的学习和理解程度，对专业知识的灵活运用能力，以及对专业知识的掌握程度。

树人是研究生导师立德树人评价工作中的重要评价目标，研究生导师立德树人教育工作是否具有更高的成效，很大部分在于研究生能否通过研究生阶段的教育，培养起较高水平的专业能力。

（二）研究生科研成果、学术论文和学位论文

研究生的科研成果、学术论文和学位论文，能够通过量化的数据指标进行呈现，可以直接地反映研究生在学术或科研方面的成绩，但通过量化指标，有时只能反映研究生的一部分个人水平和能力，并不能真正呈现研究生在学术或科研方面的水平。因为量化的数据并不能体现研究生所发表的论文、专著或是研究的质量，同时难以与他人的学术成果进行对比。

无论是研究生的科研成果，还是其学术论文和学位论文，表面上的数量并不能真正代表研究生在专业学习方面或是学术研究方面的情况，而只能在一定程度上反映研究生在之前所取得的成绩。

在这方面，研究生导师应当帮助研究生确定研究方向，挖掘学术研究的空白领域，引导研究生锻炼自身的创新意识，抱有强烈的好奇心，对任何事物均有不断探索之心。导师要培养研究生独立的思想、健全的人格，明确科研成果、学术论文和学位论文只是进行学术研究过程的一种衡量形式，导师要引导研究生不要过于看重这些硬性的指标数据，而是要将更多的精力与时间投入专业的学术研究上，毫无杂念地钻研学术，对学术问题时刻都抱有更高的追求，能够有勇气不断探索学术研究的更高峰。研究生应能够时刻保持这样的学术研究状态，而不过于关心是否能够获得科研奖项，或是自己的学术论文和学位论文是否能够顺利发表，

是否能够得到学术界的认可，自己能否得到与之相对应的荣誉和奖励。如果研究生对于这些功利性质的问题都不关心，只专心于学术研究，最终所收获到的东西也一定不会辜负其持之以恒的努力与专注。

（三）研究生科研实践和学术活动

研究生科研实践和学术活动在研究生阶段的学习中同样发挥着重要的作用，研究生应当增加与学术界的沟通交流机会，在广泛而自由的学术交流中，不断提高自身的视野和见识。在与各个学术领域的专家和学者进行交流，或是聆听其演讲的过程中，研究生能够认识到自身存在的不足，修正一些长期以来坚持的想法，或是更加坚定一些长期以来自己不太确定的想法或观点。

导师应为研究生创造更多的机会和平台，推动研究生参与各种形式的科研实践和学术活动。导师可以为研究生提供更多学术论坛、学术研讨会、学术沙龙等学术交流的机会，或是邀请一些在学术领域有一定影响力的专家和学者到校进行演讲，抑或创造一些机会，让研究生与其他有较高科研能力的研究员一同开展一项研究，使其在共同的科研实践中发现自身存在的不足之处，提高与他人沟通配合的能力。

无论是科研实践，还是学术活动，其主要目的是让研究生能够多与外界接触，检验自己的一些学术想法或是创见是否能经得起学术界讨论，或是促使其在与他人进行学术交流的时候，激发自己一些新想法，或是完善自己一些不成熟的观点。

因此，导师能够为研究生提供什么水平的科研实践和学术活动，此类活动能否让研究生有更大的收获，能够反映导师在这方面投入的精力和时间。

第二节 评价维度的建构

研究生导师立德树人评价工作主要涉及两个方面：立德树人过程和立德树人成效。在这两个方面分别可以从目标达成度和目标成长度两个维度建构整体评价工作。

一、研究生导师立德树人过程

研究生导师立德树人过程主要包括立德树人过程、导师教学过程、导师科研过程三部分，下面分别从目标达成度和成长度两个维度进行分析。

（一）研究生导师立德树人过程目标达成度

研究生导师立德树人教育工作应当在过程中投入更大的精力，显然，如果没有一个完善、科学、系统、周详的过程，便不会收获理想的成效。关于过程的相关工作需要有较明确的评价标准，以过程目标达成度来衡量教育过程完成的程度，能够让评价主体和被评价者都清晰地看到研究生导师立德树人评价情况。

目标达成度是完成目标的符合程度，也可以理解为达成率，可以用百分比来表示，如达成度＝指导研究生发表学术论文数量／指导研究生发表学术论文数量理论值。目标达成度呈现的是研究生导师立德树人教育工作所达到的一个程度，可以理解为一个状态节点，一般来说，具有量化属性的指标更容易呈现目标达成度。目标达成度通常为正，也有可能为零，但没有为负的情况，包括在立德树人的过程中，导师指导并支持研究生参与科研实践和学术活动的数量，导师指导研究生学术论文和学位论文的数量，导师支持研究生参加各种社会服务或志愿服务活动的次数等。当然，其中，只以量化数据为考量对研究生导师进行评价有些片面，可以辅以定性的描述以作补充。例如，导师指导研究生论文方面，可以充实论文预期要发表的期刊等级、论文所研究的方向和领域，另外，可补充论文的质量和水平等相关定性内容，以便使研究生导师立德树人评价工作更加全面、准确、客观。

（二）研究生导师立德树人过程目标成长度

研究生导师立德树人过程目标成长度，所呈现的是研究生导师在一个阶段中，立德树人教育工作的提升程度。目标成长度是一个时间段内的变化程度的值。

研究生导师立德树人过程目标成长度，指在规定的一段时间内，某一指标的变化值，一般来说，目标成长度是对可量化的指标进行的测定。例如，针对导师投入立德树人教育工作的时间和精力，评价时数值与上一时间点数值的差值即为目标成长度。这一数值可能为正，可能为负，也可能为零。数值为正时，表明所评价的指标为正向成长；数值为负时，表明所评价的指标为负向成长；数值为零时，表明所评价的指标与之前数据持平，没有变化。

目标达成度是一个状态值，而目标成长度是一个动态的变化值，两个不同的维度可以从不同的角度对研究生导师立德树人教育工作进行更为全面的评价。两个维度不仅能够呈现研究生导师立德树人教育工作当下所达到的程度、距离所设定目标的差距，同时能反映出导师在立德树人教育工作中提升的程度。

如果只通过目标达成度对研究生导师立德树人教育工作进行评价，只能看到导师当下所达到的水平和程度，但导师经过之前的一段时间，是能力提升达到这一程度，还是能力降低到这一程度，抑或是能力原地踏步没有变化，一直维持在同一程度，这些更具体的情况并不能反映出来。如果只通过目标成长度对研究生导师立德树人教育工作进行评价，则只能看到导师在之前一段时间内能力的变化情况，而导师在能力增长或降低之后的当下处于什么水平却不得而知。可能会出现此类情况，如一名原本教学能力较低的导师A，经过一段时间的努力和付出，当下对其评价时，其目标成长度的数值较高；另一名原本教学能力较强的导师B，经过一段时间后对其进行评价时，其目标成长度的数值较低，但导师B的目标达成度高于导师A。如果只看目标成长度数值，我们会认为导师A的评价高于导师B，如果加入目标达成度这一维度，可能得到的评价结果就会有所不同。那么，可能存在的一种情况是，导师B的教学能力已经处于较高的水平，成长进步的空间有限，即使投入更多的时间和精力，也不如导师A进步的速度快。

因此，可以看出，只有将目标达成度和目标成长度两个维度综合起来，共同应用于研究生导师立德树人教育工作的评价中，才能更全面而真实地反映出研究生导师具体的教学情况。

二、研究生导师立德树人成效

研究生导师立德树人教育工作不仅要有完善、科学、系统、周详的过程，也要有显著、明晰、高质量的成效，所取得的成效还要具有一定的价值和意义。研究生导师立德树人教育工作的目的，就是要取得一定的成效，所有与之相关联的工作都要与最终的教育成效挂钩。当然，这并不是说，没有获得相应的成效，前面的过程就没有任何价值和意义，而是从一定程度上来说，没有呈现应有的成效，前面的过程很可能存在某方面不足，或是出现一些不合理之处。

研究生导师立德树人教育成效同样可以从目标达成度和目标成长度两个维度进行建构。

（一）研究生导师立德树人成效目标达成度

研究生导师立德树人成效反映了导师当下所获得的结果。研究生导师立德树人成效目标达成度为导师当下所取得的成绩和结果，将这一结果放到总体目标中，就是目标达成度，通常用百分比来表示。研究生导师立德树人成效目标达成度是一个状态值，表明当下导师在某一指标上所处的水平和程度。

就立德树人成效来看，研究生科研成果奖数量的达成度＝科研成果奖数量/科研成果奖数量理论值。通常来说，研究生导师立德树人成效目标达成度所衡量的均为可进行量化的评价指标，而对于既能定性也能定量的评价指标，适宜进行定量处理，这样可对研究生导师立德树人教育工作有更精确的评价。从目标达成度这一维度，可以看到各细分指标的完成情况以及与总体目标的差距。

（二）研究生导师立德树人成效目标成长度

研究生导师立德树人成效目标成长度，是在某一段时间内，导师在某一项评价指标上的变化程度，属于一个变化值，表明导师在某一评价指标上的增长或是降低的程度。研究生导师立德树人成效目标成长度的数值可为正、可为负，也可为零。当数值为正时，表明导师在对应指标上为增长状态；当数值为负时，表明导师在对应指标上为降低状态；当数值为零时，表明导师在对应指标上与之前持平，既无增长也无降低。

对研究生导师立德树人成效进行评价，应当将目标达成度与目标成长度两个维度结合在一起。如果只看目标达成度，则容易忽略研究生导师在某一时期动态变化的情况，可能存在某一名导师在一段时间内能力即使退步了，但评价中表现出的达成度依然较高；而一直兢兢业业努力付出的导师，自身能力提升了很多，但在评价时，目标达成度依然较低。如此一来，容易忽视一些一直努力进步的导师，有可能打击这些导师的工作积极性。而如果只看目标成长度，则容易忽略导师原本所具有的能力，使得原本具有较高能力的导师，虽然一直勤奋工作，但没有过多的成长空间，导致目标成长度较低；而一些原本只有较低能力的导师，可能稍微努力一些，就可能有更大的进步，评价时目标成长度也会较高，但总体目标的达成度却低于原本能力较强的导师。如此一来，就容易打击一些一直以来能力较强的导师，同时，一些能力较低的导师的工作积极性也不能充分被调动起来。因此，在对研究生导师立德树人成效进行评价时，目标达成度和目标成长度两个维度缺一不可，两者应当互相结合，共同发挥作用。

第三节　评价目标的价值意蕴

研究生导师立德树人评价目标的设定为评价工作指明了总体方向，接下来评价流程的一系列工作都将以这一目标为基准，围绕这一目标细化各项工作内容。

研究生导师立德树人评价工作所确立的两个主要的评价目标——立德与树人，明确了评价工作所侧重的主要方面。两个主要评价目标正是迎合了2020年10月中共中央、国务院印发的《深化新时代教育评价改革总体方案》的具体要求。该方案从五个方面完整而系统地构建了教师评价体系，涉及学校、教师、学生、社会和政府各方。研究生导师立德树人评价工作，也应当严格按这一方案执行并落实。

立德与树人两个主要的评价目标，为研究生导师立德树人评价指标体系的构建点明了方向性。立德与树人是研究生导师在培养研究生成长成才的过程中，首要把握的两个重点，同时是导师立德树人教育工作的重要职责与工作内容。研究生成长成才首先要立德，而思想政治修养、道德品质、诚信规范的学术素养等是研究生首先应具备的基本素质，这关乎其在未来个人成长的道路上能否成为一个对国家、民族、社会有用的人。即使其在学术研究或科研探索等方面没有突出的表现，但其端正的人格也不会给社会带来负面影响。

在立德的基础上，研究生导师应当关注与树人相关的教育工作，即如何培养并提升研究生在专业和学术领域具有一定的专业能力，如何培养研究生自主学习和研究的意识与能力等。导师应当指导研究生顺利完成学术论文和学位论文，帮助其圆满完成研究生阶段的学业，同时对其所发表论文的质量与创新性进行把关。研究生完成学业只是阶段学习中最基本的任务，一篇有价值、有实用意义的论文不仅对研究生自身学术能力是一次有效提高，同时也能为社会带来积极的影响。另外，树人中也包括导师应培养研究生创新创造的意识。对于进行学术探索的研究生来说，有创见的想法十分重要，这是探索新领域及产生新的学术成果的基础。

确立立德与树人为研究生导师立德树人评价工作的两个重要评价目标，是让导师时刻明确培养研究生成长成才的目的和方法，导师不仅要理解两个目标的内涵，还要深刻领会二者之间紧密的关系。立德为先，树人为本，导师应当认识到对研究生进行培养，首先要让研究生明确如何做一个合格的人、成为一个什么样的人，而后再让其明确如何成为一个有用的人。立德与树人两个重要评价目标的确立也为接下来的研究生导师立德树人评价指标体系提供了重要的构建依据。

第四章 研究生导师立德树人评价指标体系

第四章 研究生导师立德树人评价指标体系

第一节 评价指标体系构建的目的

构建研究生导师立德树人评价指标体系的目的是利用科学的统计和监测指标，对研究生导师立德树人教育工作的各个环节进行定量或定性分析，寻找影响研究生导师立德树人教学素养和能力不断提升的因素。研究生导师立德树人评价指标体系的构建，能够让评价工作更全面、更细化、更系统、更科学，确定评价工作的重心，充分体现评价工作的系统性和科学性。各个级别指标的确立，层次分明，通俗易懂，能够让评价主体以及评价对象都一目了然，也便于评价工作的顺利开展。

中共中央、国务院发布《深化新时代教育评价改革总体方案》（以下简称《总体方案》），涉及学校评价、教师评价、学生评价和社会用人评价以及各级党委、政府（督导）在教育评价中的职责等，构建了一个包括学校、教师、学生、社会和政府在内的完整的主客体评价体系。《总体方案》从师德师风、教育教学、学生工作、科研和荣誉五个方面完整构建了教师评价体系，既是完整教育评价的重要组成部分，也是促进教师全面发展的重要内容。

一、师德师风，导师评价的第一标准

教师发展，师德为要。《总体方案》指出，坚持把师德师风作为第一标准。将师德师风纳入教师评价，有利于推动师德师风建设与教师专业发展的相互融合、相互促进。

各级各类学校要加强师德师风建设，一是要建立健全理论学习制度，不断提高教师的思想政治素质。各级各类学校要推进理论学习的系统化、经常化，用习近平新时代中国特色社会主义思想武装教师头脑，引导教师带头践行社会主义核心价值观，打造一支有理想信念、有道德情操、

有扎实学识、有仁爱之心的教师队伍。

二是要落实立德树人根本任务，勉励广大教师自觉增强立德树人的责任感。引导广大教师以德立身、以德立学、以德施教、以德育德，学为人师，行为世范，努力当好学生成长的引路人。《总体方案》指出，将师德表现作为教师资格定期注册、业绩考核、职称评聘、评优奖励的首要要求，将师德师风考核评价机制纳入教师各类发展项目全过程全链条齐抓共管。

三是要推动师德师风建设常态化、长效化。健全教师荣誉制度，积极培育和推广师德师风典型，发挥典型示范引领作用。同时建立师德失范行为通报警示制度。全面落实新时代幼儿园、中小学、高校教师职业行为准则，规范职业行为，明确师德底线，对师德失范行为实行"一票否决"，探索实施教育全行业禁入制度。

二、强调教育教学，促进教师履行核心职责

开展教育教学活动，进行教育教学改革和实验是教师最基本、最核心的使命和职责所在。《总体方案》提出，通过对教育教学实绩进行评价，引导教师上好每一节课、关爱每一个学生，力求促进教育教学作为教师最基本和最核心职责的回归，让组织、设计、开展教育教学的能力切实成为教师专业发展的主轴。

高校教师评价将参与教研活动、指导学生毕业设计等计入工作量，以响应国家"以本为本"的高等教育教学改革号召。同时，严格要求落实教授上课制度，将教学课时作为教师考核的重要条件等，有助于督促、引导高校教师重视做好最基本、最核心的教育教学工作，扭转当前"重科研、轻教学"的导向。

第四章 研究生导师立德树人评价指标体系

第二节 评价指标体系构建的原则

前文已经阐释了构建研究生导师立德树人评价指标体系的目的，在此基础上，构建研究生导师立德树人评价指标体系时，还应当遵循七个重要的原则，围绕这七个原则，能够构建一套科学、合理、有效、系统、实用的评价指标体系。

一、相关性原则

相关性指所设定的指标要与评价的内容有较强的关联性，剔除无关指标的干扰。这是构建评价指标体系时所要遵循的首要原则，关系到研究生导师立德树人评价的有效性与准确性。通常来说，评价指标与所评价的内容关联程度越高，其表现出的有效性越强，准确性也越高。

相关性原则是评价指标体系构建时最基本的原则，在进行这项工作时，首先都会考虑到这一原则。在这一原则的指引下，评价指标体系在构建时，会将所有与评价内容相关的信息与资料都汇集到评价工作中，而后对所有收集到的信息进行筛选，按关联程度进行分层划分，可以剔除一些与评价内容关联程度不高的信息，并从关联程度高的信息中提炼出评价指标。

二、全面性原则

全面性意指尽可能将所有与评价工作和评价内容相关的指标都纳入评价体系中，并不遗漏关键性指标。落实全面性原则时，可以从多个维度落实，包括短期成效与长期成效、直接成效与间接成效、有形成效与无形成效、总量成效与结构成效等。应当尽可能从多个角度对评价工作进行全方位拆解与分析，从不同层次完整审视所选定的评价指标，力求不断完善并补充评价指标的全面性，使其能够更准确地对被评价者进行有效评价，让最终的评价结果更贴近于被评价者的真实情况。

但需要注意的是，侧重于评价指标体系的全面性原则时，并不是将所有与评价工作相关的指标都加以使用，而是要考虑评价指标与评价工作的相关程度高低，与评价工作相关性低的评价指标，应当予以剔除，同时挑选出与评价工作相关程度高的评价指标。因此，在考虑全面性原则的同时，应当有所侧重，不应单独考虑全面性原则，而不顾及其他原则。

三、代表性原则

代表性原则是研究生导师立德树人评价工作中应当遵循的重要原则。在进行研究生导师立德树人评价工作时，其中所涉及的评价内容极为丰富，所包含的指标也更多，因此在构建评价指标体系时，应当筛选其中具有代表性的指标，通过这种方式才能让研究生导师立德树人评价工作更具有实际意义，才能保证评价工作的客观性与公正性。

在围绕这一原则开展评价工作时，可以先对所选的评价指标代表性强弱的程度进行划分，剔除一些代表性弱的指标，筛选出代表性强的指标。前期对评价指标进行代表性强弱的程度划分时，可以广泛收集相关的信息与资料，在对其进行整理与划分后，将最具代表性的内容与指标进行整理，整合为代表性较强的评价指标。

四、逻辑性原则

逻辑性原则是建立在相关性原则与全面性原则的基础上，对评价指标进行合理的层次划分后，确定同一层次评价指标之间的权重。

虽然评价指标间存在一定的独立性，丰富的评价指标间可以独立对被评价者进行某一方面的评价，但实际上，评价指标间还存在一定的逻辑性，所有评价指标可以构成一个完整的评价体系。这些评价指标间的逻辑性能够让评价指标彼此之间具有较强的关联性。

在研究生导师立德树人评价工作中，评价指标体系需要具有较强的逻辑性。由于研究生导师是一个独立而完整的个体，其在立德树人工作中的表现也是一个整体性的表现，最后展现在他人面前的行为表现及其教学工作的结果和成效均以一个整体效果的形式呈现。因此，将研究生导师立德树人教育工作拆解为各项评价指标后，还要关注这些评价指标间的逻辑性，让这些评价指标相互关联，围绕一个核心的评价目标，相互补充，相互完善，共同完成评价工作，最终得出更为科学、合理、客观、公正、准确的评价结果。

五、动态性原则

研究生导师立德树人评价指标在选取之后，并非一成不变，而是可以根据经济社会发展的现实情况和国家对于教育事业的政策调整等，随时进行自由调整，以跟上社会的发展和时代的步伐，同时可有效地满足高校自身对研究生导师立德树人教育工作的顺利开展。根据动态性原则，评价工作的管理者可以从现实的实际情况出发，对评价指标进行及时调整，或是通过评价委员会讨论决定评价指标的取舍。

当新形势出现时，可以及时添加一些与此相关联的评价指标；而当一些方面不再需要评价时，则应当及时剔除无效的评价指标，以保证研究生导师立德树人评价指标体系时刻都能保证其自身的先进性和与时俱进的时效性。

六、定量和定性相结合的原则

定量和定性相结合的原则，可以对研究生导师评价工作进行精确性和模糊性评价，而二者的结合能够更完整且全面地对研究生导师立德树人工作进行评价。对于研究生导师立德树人评价工作的一些指标，有些可以定量的形式呈现，而有些则只能通过定性的结果予以呈现。例如，研究生导师的科研获奖情况、成果应用情况、教学比赛获奖情况等评价指标都可以通过定量方式予以呈现；而研究生导师恪守学术道德、学术诚信、教学责任心、教学热情等指标，只能通过定性方式体现。

无论是定量方式，还是定性方式，都有其自身的优缺点。定量方式能够准确呈现被评价者在评价指标中的具体数据信息，能够让人更直接地看到被评价者在这一指标下的表现，并且在同一指标下，不同的被评价者可以进行清晰而准确的比较分析。但定量只是被评价者这一指标下某一方面的表现，不包括其他方面内容，其评价结果的整体性较弱。

定性方式可以有效弥补定量评价结果整体性不足的问题，能够通过对被评价者的整体性描述，更为全面地呈现被评价者的表现。但正因为其广泛性的描述，因而不能准确将某一个点的内容进行呈现，其评价结果的准确性远远小于其整体性。

因而，从以上所阐释的内容不难看出，在对研究生导师立德树人工作进行评价时，应当广泛地将定量与定性方式进行有效而深入的结合，通过精确性与模糊性互补的方式，不断完善研究生导师立德树人评价工作。

七、可操作性原则

可操作性原则意指评价工作最终要落地操作，其中所选取的评价指标以及所构建的评价指标体系要具有很强的实用性。基于此，研究生导师立德树人评价工作，要与研究生导师立德树人的实际工作紧密衔接，对研究生导师在日常工作中的表现进行全面而系统的评价，力求最终所得到的评价结果能够真实地反映研究生导师的日常工作行为。

需要注意的是，有些评价指标可能具有代表性，与研究生导师立德树人评价工作关联紧密，或是满足逻辑性原则，但在实际评价工作中的可操作性不强，与之相对应的指标可能也不宜被选取。因此一个评价指标如果不具有较强的可操作性，即在评价工作中执行的过程复杂，或是不容易操作，就不能有效地得到评价成果。比如，对于量化类评价指标，可能不便于获得这一指标的数据信息；对于定性类指标，评价主体不能较简便地对被评价者的工作情况和表现进行全面而系统的描述，不能更准确地描述被评价者的实际情况。凡出现以上类似的情况，都表明评价指标不具备可操作性，在进行评价工作时，选用这样的评价指标，不能有效地得到有价值的评价结果。

第三节 评价指标体系的指标选取及框架构成

一、指标选取的政策基础

研究生导师立德树人评价指标体系的指标选取与框架的构成，需要围绕国家相关的政策文件来进行。其中的标准在有关政策文件中均有明确指出，具有较强的可操作性，对研究生导师立德树人评价的各个方面的内容进行了详细而全面的规定。研究生导师立德树人评价工作的相关内容应以此为主要依据。

2018年1月，教育部印发了《关于全面落实研究生导师立德树人职责的意见》，其中明确指出了开展研究生导师立德树人评价工作的指导思想和总体要求，阐释了研究生导师的基本素质要求，明晰了研究生导师立德树人的职责内容，并且对健全研究生导师评价激励机制提出了具体要求。另外，在组织保障方面也做了明确的指导，以保证研究生导师立德树人职责及其评价工作的有效落实。2020年11月4日，教育部印发《研究生导师指导行为准则》，具体如表4-1所示。

表4-1 《研究生导师指导行为准则》

政策文件	"得"	"不得"
教育部《研究生导师指导行为准则》（教研〔2020〕12号）	坚持正确思想引领	不得有违背党的理论和路线方针政策、违反国家法律法规、损害党和国家形象、背离社会主义核心价值观的言行
	科学公正参与招生	不得组织或参与任何有可能损害考试招生公平公正的活动
	尽心尽力投入指导	不得对研究生的学业进程及面临的学业问题疏于监督和指导
	正确履行指导职责	不得要求研究生从事与学业、科研、社会服务无关的事务，不得违规随意拖延研究生毕业时间
	严格遵守学术规范	不得有违反学术规范、损害研究生学术科研权益等行为
	把关学位论文质量	不得将不符合学术规范和质量要求的学位论文提交评审和答辩
	严格经费使用管理	不得以研究生名义虚报、冒领、挪用、侵占科研经费或其他费用
	构建和谐师生关系	不得侮辱研究生人格，不得与研究生发生不正当关系

（一）指导思想

研究生导师立德树人评价工作的开展，应当高举中国特色社会主义伟大旗帜，以习近平新时代中国特色社会主义思想为指导，增强"四个意识"、坚定"四个自信"、做到"两个维护"；应当全面贯彻党的教育方针，把立德树人作为研究生导师的首要职责，为实现第二个百年奋斗目标、实现中华民族伟大复兴的中国梦，培养德才兼备、全面发展的高层次专门人才。

研究生导师立德树人评价工作要顺应国家和社会发展的总体方针，对领导人创立的理论思想和宝贵实践进行深入分析和总结，落实党和国家对教育工作的总体方针与具体落实方案，结合国家和民族使命，培养高层次、全面发展、德才兼备的研究生人才。

（二）总体要求

坚持研究生导师是研究生教育与培养工作第一责任人的具体要求，坚持社会主义的办学方向，坚持四个方面的统一，即坚持教书与育人工作相互统一，坚持言传与身教相互统一，坚持学术研究与关注社会相互统一，坚持学术规范与学术自由相互统一，以师德立身、立学、施教。根据研究生教育的客观规律，对研究生指导方式不断进行创新，深入而系统地扎根研究生培养工作，全过程、全方位育人，指引研究生立德成才，为国家和民族贡献自己的青春和智慧。

在研究生教育工作中，研究生导师是第一责任人，也是重要的教育主体。研究生导师立德树人评价工作是评判研究生导师教育工作的重要内容，因此，对其教育工作进行具体而全面的工作指导，是所有研究生教育工作的重中之重。总体要求在思想、客观规律、教育原则、培养措施等大的方向和具体方面给出了明确的指导。

（三）研究生导师基本素质要求

1.过硬的政治素质

研究生导师立德树人教育工作应当坚持正确的政治站位，坚定拥护党的正确领导，不断提升自身的思想政治觉悟。坚定贯彻党的教育方针，全面落实国家在教育方面出台的相关政策，始终坚持教育工作为人民服务的宗旨，为党治国理政服务，为巩固和发展中国特色社会主义制度服务，为改革开放和社会主义现代化建设服务。自觉维护祖国的统一大业，坚定支持民族团结工作，保持高度的政治责任感，同时，将思想教育与专业教育进行有机结合，统一到研究生教育的工作中。坚定并积极传播社会主义核心价值观，并在工作和事业中积极成为社会主义核心价值观的模范实践者。

过硬的政治素质是研究生导师立德树人教育工作的重要构成，研究生导师立德树人教育工作，必须与国家和民族的发展及前途命运息息相关，思想政治觉悟要时刻与时代发展相适应，要满足国家对于研究生教育工作的要求。研究生导师应做党、国家、民族及社会发展的拥护者、践行者。

2. 高尚的师德师风

研究生导师应当遵守教师职业道德规范，爱岗敬业，热爱自己所从事的工作和事业，为人师表，在教育工作及日常生活的各个方面都应当发挥先锋表率作用。通过高尚的道德情操和独特的人格魅力引导和感染学生，言传的同时，更多地通过身教的方式，教育和引导学生在学习和生活中的行为，为其树立榜样。研究生导师要积极传承先进的思想文化，并通过自己的教育工作不断推动社会发展和进步。

在学术研究中，研究生导师应当严格遵守学术规范，坚守学术道德底线，通过实际行动维护公平正义的学术环境，营造一个风清气正的学术氛围。在选用人才方面，过程要科学合理，采用规范公正的流程开展招生工作，正确合理使用研究生导师的权力，慎用决定权，最终确保招生录取工作的公平与公正。在对研究生进行指导和教育的过程中，要有饱满的责任心和使命感，恪尽职守，在职责范围内不断完善本职工作。在给予研究生指导和启发的工作中，要保证留出足够的时间和精力，诲人不倦，全身心投入。在通过道德素养和业务能力培养以及教育研究生的过程中，要保有仁爱之心，发自内心地给予研究生以最无微不至的关怀和帮助。

3. 精湛的业务素质

在学术研究方面，研究生导师要有扎实而深厚的学术造诣，对学术研究要保持矢志不渝的理想与追求，对社会与时代发展的新变化与新需求要时刻关注，并及时将新信息、新技术与所研究的学术课题进行有机结合，使学术研究与社会和时代的发展接轨，培养研究生的社会责任感与使命感，让研究生在学习阶段的学术研究更加务实，贴近生活和工作的实际。在学术研究的过程中，还应当侧重中华优秀传统文化的传承与发展。

(四) 研究生导师立德树人职责

1. 提升研究生思想政治素质

引导研究生形成正确的世界观、人生观、价值观，正确判断世界与中国的发展大势，明确中国特色社会主义发展道路与国际经济发展的异同，正确认识研究生所处的时代与所肩负的历史使命，厘清研究生远大理想与脚踏实地进行学术研究的内在关系；坚定为共产主义远大理想与中国特色社会主义共同理想而奋斗终生的信念；不断引导并教育研究生成为德、智、体、美、劳全面发展的高层次专业型人才。

研究生导师要帮助学生不断提高政治站位，明晰正确的政治方向与价值坐标，走正确的个人发展道路，时刻关注国内和国际发展变化与形势，及时对变化和不确定性做出相应调整，将个人在学术领域和教育领域的发展与国家和社会的发展方向相统一，站在更高的政治视角应对各种正在发生以及即将发生的情况。深入理解中国特色社会主义的深刻内涵，紧跟党引领的发展步伐，将共产主义远大理想作为自己学术和事业的最高理想。研究生导师要通过更高的政治站位，教育并指导研究生全方位发展，在德、智、体、美、劳各个方面均衡发展，成长为更高层次的专业型人才，为党和国家的发展大计奋斗终生。

2. 培养研究生学术创新能力

针对研究生各自不同的特质，因材施教，进行个性化培养，鼓励研究生保有更加开放和自由的思想，在学术研究方面持续培养其自主创新意识。积极参与研究生培养计划，研究生导师作为研究生教育的第一责任人，有责任且有义务对研究生的培养和未来发展制订系统且详细的规划。在进行学术科研活动的同时，应当有力地结合充分的实践活动，将理论学习与社会实践活动相结合，促进研究生既有扎实的理论基础，又具备灵活实用的实践能力。研究生导师要不断强化对研究生的学术指导工作，侧重于对研究生学术研究的指导，把握研究生的科研方向，引导其通过科学、系统、专业的方式进行学术研究。

研究生导师应定期同研究生进行沟通交流，时刻关注研究生在学术研究及日常生活中的动态，及时解决发现的问题。在学术科研方面，研究生导师应为其确定研究的主要方向，在充分尊重研究生创造性思维与创新性研究的基础上，帮助其进行更深入的研究。

研究生导师要通过引导，为学术研究营造和谐、公平、稳定的学术环境，尽可能为研究生创造一切必要的学术便利。在此基础上，最大限度地发挥研究生学术上的创新能力与创新意识，尊重其在科研实践中的想象力与创造力，并采取多种方式激发研究生的创新潜力，而不应过多干预研究生科研想法，在把控科研大方向的同时，给予其最大的自由发挥的空间。研究生导师可在方向、方法、细节上对研究生学术科研进行把控，辅助其顺利地将想法和思路落到实处。

研究生导师要引领并同研究生一起跟踪本学科最前沿的信息与知识，时刻关注前沿科技的发展动向，站在学术科研的最前沿，以问题为导向，将现实中的实际问题与前沿技术相结合，将最先进的技术与方法应用于实际问题的解决中，注重技术与学术研究的实用性，切忌纸上谈兵。研究生通过不断接触前沿信息与技术，不断拓展学术视野，丰富学术研究的方法与手段，不断完善学术研究的思路，从多个角度与视野看待所研究的问题，能够以更全面而系统的方式完成所研究课题。研究生导师应引导研究生时刻保有创新开拓的意识，从学术研究课题的确定，到课题研究的方法和思路，再到研究课题结论的得出，都要尝试进行创新，在学术研究的每个环节都可以将创新性想法融入其中。

3. 培养研究生实践创新能力

研究生导师应当积极鼓励研究生参与国内外各种形式的学术实践活动及专业实践活动，使其通过切身参与实践活动，不断拓展认知视野，提升对于本专业学术研究进展的理解深度与广度，找准自身科研项目的准确定位，找到学术科研的空白领域。相较于对已知领域的重复研究，对未知领域的探索能够更加激发研究生的科研激情，此外，对未知的、空白的领域进行探索也更具有学术价值与学术意义。

研究生导师应当指导研究生在各类期刊或学术杂志上发展学术研究成果，不断提升研究生学术研究的成就感，不断增强其在专业领域的科研自信心，这将有助于其逐渐尝试更深入、更重大的科研项目，有利于培养其在学术研究上的成熟度与影响力。

研究生导师应当逐渐培养研究生善于发现问题、提出问题、分析和解决问题的能力，不断强化理论基础与实践操作相结合的重要性。随着研究生对前沿信息与技术有更加全面的接触与了解，以及对各种学术实践活动的广泛参与，其在学术科研方面的认知边界不断拓展，也更能够找到其中的空白领域或存在争议的领域和问题。随着研究生对专业领域内的信息和动态了解得更全面和深入，其更容易确定所要从事研究的课题方向。研究生导师在确保研究生有扎实理论的基础上，还要注重理论与实践相结合，引导其将理论应用于实践中，将创新性的想法与思路落实到具体的实际调研或学术研究中。

研究生导师应帮助研究生将学术科研成果成功转化为具体应用，在现实生产与实践中发挥学术科研成果的真正价值，有效地推动产学研各个环节的紧密结合，促进企业、高校、科研机构的有机结合，将生产、教育、科研三种不同的社会分工在资源优势与功能上进行有效的协同配合，发挥集成优势。归根结底，学术科研成果最终须落实在生产环节，将成果转化为产品或是相应的服务，提高人们的生产效率或生活品质，以推动社会向前发展。通过产学研的有效集成，更多的科研成果能够真正呈现在最后的生产端，推动制造业的高质量发展，为各类人才创造更多的创新和创业的机会。

4.增强研究生社会责任感

研究生导师应当培养研究生将个人的成长与发展同国家和民族的繁

荣发展紧密结合，为国家的富裕强大和中华民族伟大复兴奉献自己的智慧与青春。一个人的成长离不开国家的强大，而反过来国家的繁荣富强也需要每个人的贡献与付出，因此，个人的成长和进步与国家和民族的前途命运密切相关。研究生的个人成长、抱负、理想应当同国家和民族的发展紧紧相连，研究生要时刻保有为国家和民族奉献终身的政治觉悟。

研究生导师应当鼓励并支持研究生参与各种形式的社会实践活动和志愿服务工作，在社会实践中检验专业领域所学的理论知识与技术方法，并在广泛的社会实践中积极发现现实中存在的问题，尝试通过自身所学解决遇到的问题。实践可以检验真理和理论的实用性，研究生在实践中可以检验自己在专业学术领域内的认知正确与否，同时有助于启发新的想法与新的认知，在社会实践中进行锻炼的基础上，不断提高理论与实践相结合的能力。另外，研究生在社会实践中获得的宝贵经验也会进一步促使其不断丰富理论知识的学习，明确其理论学习的侧重点与方向。在广泛地为人民服务以及为社会作贡献的同时，研究生也在逐步实现自己的人生价值。研究生阶段的专业学习，更倾向于对学术问题进行深入的研究，注重提出解决问题的方案，从更加实际和实用的角度处理所遇到的问题，因此要培养研究生解决问题的能力，不止局限于本专业领域，一套成熟的方法论可以延伸至其他专业领域或其他相关问题。在社会实践中，现实问题的解决同时体现出研究生自身的价值，研究生从中收获的成就感将会继续作用于专业学习与学术研究。

在培养研究生国际视野的同时，应当引导其时刻保有家国情怀。研究生导师应引导研究生以更加开放的心态时刻关注国际学术的发展动向，时刻把握前沿学术的发展，在关注学术动态之外，还应当特别关注国际形势的最新发展，全面分析国际形势的变化及影响，尤其是对自己所研究的专业领域的影响，及时做出适当的判断和相应的反应。研究生在掌握本专业领域信息与知识的基础上，还应当关注其他专业领域的最新进展，善于发现其他相关或不相关领域对本专业领域的启发和影响。如今，各个专业学术领域之间的壁垒逐渐被打破，跨专业、跨领域间的融合逐渐成为学术研究的新趋势，一个单一专业领域的研究可能会以涉及其他多个领域的专业知识作为辅助，或是多个专业领域共同解决一个学术问题。因此，专业与专业间不再是过去相对独立的存在，专业领域间的协同合作情况愈加频繁。研究生在接受国外一些新思想、创新思维的同时，还应当充分考虑其是否满足于国家的整体发展战略与规划，将新思想与创新思维同国家长远发展、中华民族伟大复兴相协调，服务于国家和民族的发展。

研究生导师应当鼓励研究生抱有更高的理想与抱负，致力于人类命运共同体的构建，为世界文明的进步事业贡献自己的智慧与力量。研究生导师要培养研究生不断扩大自己的认知范围，不断吸收各方面及各领域的知识和信息，不应只局限于自己现有的研究范围与认知边界，以更大的胸怀与理想指引自己，不断贡献自己的才华与能力，确立以全人类的共同发展与进步为己任，指引自己最基础的学术研究。

5. 指导研究生恪守学术道德规范

研究生导师应当培养研究生认真、踏实、严谨的治学态度和科研心态，在培养科学精神时，力求务实与求真。学术科研活动虽然充满挑战，有诸多问题需要研究生自主解决，但大多时间可能会枯燥乏味，这就需要研究生要有脚踏实地的科研精神，抱有持之以恒的心态推动学术科研项目不断向前，戒骄戒躁，不应急于求成，要有条不紊，最终达到学术研究的更高层次。另外，在进行学术科研活动时，务必要求真务实，以事实为根本依据，一切数据都要从客观事实中提取，学术研究结论的得出同样要以事实为根本依据。如此，研究生所做的学术研究才能有持久而旺盛的生命力，才能经得起不断验证，同样也能够应用于实际生产或社会实践中。

在进行学术研究的同时，研究生应严格遵守科研诚信与学术道德，以正确端正的学术科研作风从事专业性的学术研究。科研诚信与学术道德是进行学术研究的底线，若越过这条底线，再突出的学术研究或科研成果都将没有任何价值或意义。研究生导师应当作出表率，带领研究生自觉维护学术研究事业的神圣性、严肃性与纯洁性，杜绝一切学术不端行为。如果研究生把全部精力放在如何借鉴他人的研究成果、如何隐藏自己的学术不端行为上，就会失去研究生阶段学习的根本目的。研究生阶段的学习，研究生应当将自己的全部时间和精力放到学术研究上，通过自己的不断学习和能力的提升，探索和发现本专业领域亟待解决的问题，并通过已掌握的方法与知识，系统而全面地解决学术课题中所涉及的问题。

在研究生培养的每个环节，研究生导师应当不断强化学生的学术规范，并通过不断的训练，使其具备学术研究的专业素养。同时，应加强研究生的职业伦理教育，持续提升学术道德涵养，使其养成尊重学术研究、关注学术规范和职业伦理的道德素养。研究生导师应当培养学生尊重他人的学术成果以及劳动成果，将知识产权保护意识提至更高层次，让研究生意识到尊重他人的学术成果，也就是尊重自己的学术成果。当一个良好的学术研究环境形成的时候，整体学术研究的氛围也会得到彻底的净化。在一个公平公正的学术科研环境中，每个研究者的学术想法都将最大程度得到尊重，并能自由而充分地发挥出其价值。

6.完善并优化研究生培养条件

研究生导师应当根据本专业、本学科的特点以及研究生的培养要求，积极为研究生的学术研究提供一切必要条件。研究生导师应当支持并鼓励研究生参与各种社会实践活动以及学术交流活动。从广泛的实践活动中，研究生可以不断开阔自己的眼界，延伸自我认知的边界，在实践经验不断丰富的基础上，促进对理论知识的巩固。

研究生导师应为研究生创造更多学术交流的机会，为其提供更多的学术交流平台，进而为研究生提供更多与外界交流沟通的机会，提升其学术研究的水平和见识。

研究生导师应当鼓励研究生积极参与到课题项目的研究中，并根据课题项目的实际情况以及研究生的个人研究水平，为研究生提供相应的经费支持，辅助其更顺利地完成学术研究。

7.注重对研究生的人文关怀

除对研究生的学术研究进行系统而全面的指导外，研究生导师还应当对研究生进行人文关怀和心理疏导，解决其在研究生学习阶段及未来的职业生涯规划中遇到的各种问题。研究生的成长与成才不仅体现在学业方面，其在心理与心智方面的成长与成熟同样重要，成熟而健全的心理有助于研究生在遇到困难与阻力时能够从容应对。健全的心理不只是在研究生学习阶段发挥重要作用，在其今后的工作和生活中同样十分重要。健全且成熟的心理能够在研究生遇到各种问题时，帮助其稳定情绪，保持理性头脑。

对研究生加强校规校纪教育，通过硬性的规章制度，约束研究生的各种行为，使其养成良好的行为习惯。研究生应将在校期间的规章制度看作未来进入社会之后的法律法规，一切行为都要在校规校纪的规范内进行。研究生导师应不断教育研究生规范自己的言行，在遵守学校的各项制度规定的基础上，自由施展自己的才华，在学术研究上创造更多成果。

研究生导师在帮助研究生解决所遇到问题时，应当将思想问题与实际问题结合起来，给予解决思路。一般来说，研究生在实际中遇到的问题都与其思想问题有着密切的关联。人的思想决定其行为，看一个人的言谈举止就能知道其大致想法，因此，一些看似是行为方面的问题，实则大概率与研究生思想方面的问题有关。研究生导师应当从思想方面着手，从根本上去解决，而不只是从研究生表现的行为方面解决表层问题。

作为研究生教育工作的第一责任人，研究生导师应当全面且深入地了解每一名研究生的成长环境与学习过程，了解越全面，对于解决其出现的问题越有针对性，问题处理得也会越彻底。研究生导师应当加强与研究生沟通交流的频率与深度，从其学业、生活以及未来就业等方面掌握其真实想法，了解其行为趋向，在增进师生间情感联结的同时，也为导师研究生教育工作提供更多的基础信息。

研究生导师在建立良好的师生关系的基础上，还应当从机制方面进一步巩固师生间的关系，这同样是研究生教育工作中重要的一个环节。一个健全而稳定的师生互动机制的建立，可以在导师与学生间建立起稳定而和谐的关系桥梁，通过这一桥梁研究生导师能够为研究生提供持续性的指导与帮助，研究生则能够获得稳定而确定的支持。

在研究生学习阶段，研究生导师还应为其创造一个良好的学习氛围，营造舒适而健康的学习环境，要以鼓励为主，支持研究生的各种想法与创新点，帮助其不断树立学术研究的信心，培养其自主学习、自主研究的主动性。在全面保护研究生的合法权益方面，研究生导师应施以更多的帮助，通过各种方式维护研究生的合法权益。

研究生阶段的学习除要帮助研究生获得更多的学术研究成果外，也要让研究生在今后工作和就业方面有更多的主动权。研究生导师要随时关注学生的就业压力，了解学生对于未来就业的看法和心态，帮其疏解所遇到的困惑和难题，而不只是从实际问题方面给予相应的指导，更为重要的是，应从思想层面为其开解。针对这一问题，研究生导师从学生开始进行研究生学习时就应当着手考虑。从学生进行研究生阶段学习时，就要指导其在学术研究方面紧跟本专业领域最前沿问题，开展更具研究价值的研究课题，未来很大程度上可以应用于实际生产或是现实生活中，对国家和社会能够产生一定影响，或是在学术领域带来一些新的讨论或启发。研究生导师应当通过自己的广博认知以及在本专业领域的研究经验与能力，指导学生保持学术研究，能够站在学术研究的前沿，同时更具实用性，让研究生以一个较高的起点开始学术研究。

当研究生在学术领域有了一些成果或是表现时，也就为其自身未来的职业生涯规划做了更扎实的铺垫。研究生在学习期间，会随着学术研究的不断深入，对自己未来的职业规划逐渐清晰，在真正面临职业选择时，也会有更加清晰的思考和方向，进而其遇到就业方面的问题也会更少。因此，研究生导师应当在学生开始研究生阶段学习时就将未来职业规划的问题考虑在内，贯穿整个研究生教育的始终。

在研究生学习阶段，遇到诸多问题与困难是正常现象，关键在于学生是否能以一个健康而良好的心态去解决这些问题，并将此当作对自己的一种磨炼和学习过程。此外，研究生导师在其中发挥疏导和指引的作用，从研究生的生活和身心发展等方面着手，站在研究生的角度考虑各个方面的因素，处理具体的实际问题。

（五）研究生导师评价激励机制

1.完善评价考核机制

坚持立德树人，把教书育人作为研究生导师评价的重要内容，将教育教学业绩评价作为重点，注重人才的培养。对于研究生导师立德树人评价工作，主要分为两部分——立德与树人，即道德素养的提升和人才的养成两个方面，这两个方面要同时进行，二者有着同等重要的地位。一名研究生如若只有较高水平的科研能力与水平，但在学术规范、道德方面存在问题，则研究生教育并不完整；研究生如若只有高尚的道德品质，而没有专业的学术研究成果，则其研究生阶段的学习也不能达标。因此，研究生导师应当将"立德"与"树人"放到同等重要的位置，两个方面要同时抓，且常抓不懈。

教育行政部门应当把立德树人纳入研究生教育教学工作评价和学科评价指标体系中，将这两方面作为重点评价内容，加强研究生导师立德树人职责落实情况的评价工作。对于立德树人教育内容应当纳入研究生教育工作的各个环节，体现在每一项教育工作的具体操作中，使立德树人成为研究生教育工作的重要指引。立德树人作为重点内容，不仅要体现在制度和机制设计上，而且要体现在研究生导师的每一项职责内容中。制度的顶层设计以及教育工作的落实要同步推进立德树人。

研究生培养单位应当根据自身实际情况，并结合办学条件和学科特色优势，制定研究生导师立德树人评价的具体实施办法。评价标准要贴合本学校、专业、学科、导师的实际情况，不能制定过高的评价标准，以免打击研究生导师的工作积极性，使其产生消极心理；同时不能将评价标准制定得过低，这并不能起到激励研究生导师积极进取的目的。若大部分导师都能达到评价标准的要求，降低其工作积极性的同时，还会进一步降低研究生教育工作的质量。

研究生导师立德树人评价工作应当以年度为考核时间单位，通过学术委员会评价、教学督导评价、研究生评价和研究生导师自我评价相结合的方式，建立起一套科学、公平、公正、公开、全面的评价考核体系。以年度为一个评价周期，能够给予研究生导师足够的时间调整自己的教育工作方式，其间出现情况和问题时，有充足的时间予以解决。通过四种评价方式相结合的形式，可以从多个维度对研究生导师进行全面而系统的评价，保证了评价工作的科学性、公平性、公正性。对于每一个评价维度，都要力求全面、科学、合理、公正、客观。

2.明确表彰奖励机制

对于研究生导师立德树人评价考核结果，研究生培养单位应当将其作为职称评定、人才引进、评优评先、绩效分配、职务晋升等方面的重要参考依据，充分发挥考核评价的引导、教育、激励、鉴定的作用。由于研究生导师立德树人评价工作在前期制定时，充分考虑了科学、公平、公正、公开的因素，因此，相应的评价考核结果可以充分作为研究生导师奖惩的宝贵指标依据。研究生导师立德树人工作在研究生教育阶段有着重要的地位，发挥着关键性的作用，因此，对这一重要工作进行全面而系统的评价关系到研究生在学习阶段的成长成才。

要不断强化研究生导师的示范引领作用，以先进带动后进，通过强有力的模范带头作用，带动整体研究生导师队伍立德树人的教育水平。与此同时，研究生培养单位应当给予在立德树人教育工作中表现突出的研究生导师以表彰和奖励，以进一步促进研究生导师队伍整体向前迈进，提高研究生导师立德树人教育工作的水平。表彰与奖励的形式不仅可以最大限度地激励优秀研究生导师继续作出更大的贡献，而且可以向研究生展示研究生导师立德树人的优秀标准，激发研究生在学术和科研方面的创造力与积极性。

对于研究生导师在立德树人教育方面的成功做法与经验，要进行广泛的复制与宣传，让成功经验与做法在最大限度上得到广泛传播，高效地推进研究生导师立德树人教育工作的落实进度，并且相应地提升研究生自身道德素质水平与成人成才的质量与水平。研究生导师优秀的榜样示范效应同样能够提升研究生导师整体的素质水平。

3.落实督导检查机制

教育行政部门和研究生培养单位要将研究生导师立德树人职责的实施和落实情况纳入教学督导范畴，并对这一过程进行有效的督导与检查。相关部门和单位应对研究生导师的教学工作进行实时关注与监督，并给予正确的指导意见，及时纠正其中出现的问题和偏差。在这一过程中，对于未能切实履行立德树人职责的研究生导师，研究生培养单位应当根据具体情况，采取约谈、限招、停招、取消导师资格等相应的处理措施。各研究生培养单位的实际情况不同，因此，对于未履责的研究生导师，应当给予其相应的惩罚。

对于违反师德行为严重的研究生导师，可以实行一票否决，并依据相关法律与规定，对其进行严格处理。违反师德严重的研究生导师对研究生教育工作影响较大，不仅影响研究生导师的整体形象，而且会降低研究生培养单位的声誉与影响力。

二、评价指标选取的原则

（一）科学性原则

研究生导师立德树人评价指标的选取应当遵循客观事物的发展规律，

一方面，评价指标不应制定得过多过细，以免出现大量计算，导致一些信息重复出现，影响评价的最终结果；另一方面，评价指标也不应过少过简，以免遗漏重要信息，造成信息不全，影响最终的评价结果。抓住科学性原则，尊重研究生导师立德树人评价工作的客观规律，才能让评价指标符合科学、合理、客观的要求。

（二）系统性原则

系统性原则要求各个评价指标之间要有一定的联系。每个指标并非独立存在于指标体系中，这些指标所构成的体系应当围绕评价目标展开，每个评价指标能够反映导师某一方面的情况，同时，可以与其他评价指标共同反映导师的整体情况和水平。

（三）动态性原则

社会在不断向前发展，技术日新月异，因此，对于研究生导师立德树人评价工作也不能停留在某一个时间点固化地实施。评价指标应当随着时代的发展和社会的进步而进行相应的调整，其中应当既包含一些共性的固有的评价内容，又融合一些发展性的指标内容，以满足当下社会发展对研究生导师的新要求。

（四）可操作性原则

导师立德树人评价的指标设定应当充分考虑后期评价工作的实际操作性，将评价指标所设定的范围和内容融入导师日常教育教学的工作中，与实际紧密结合，具有切实的可操作性，让每一个指标都能够充分反映导师真实的教学能力和水平，能够将具体的指标尽可能地落实到数据上，让评价主体能够简明地理解评价内容，并且更容易实施评价。

三、评价指标选取的方法

(一)问卷调查法

问卷调查法是最常用的评价指标选取方法,就是预先设计出一份调查问卷表,将初步设定的评价指标列入表内,向目标调查者征询意见,再根据所征求的意见和学校自身的情况,对评价指标进行相应的调整。通过征求多方的意见,最终所形成的评价指标体系可能更全面、科学、合理、系统。

(二)工作分析法

工作分析法的实质就是要从不同员工的职业生涯和职业活动调查入手,依次分析员工的职务、职位、职责、任务、要素的全过程,并由此确定工作的性质要求和任职条件。工作分析法就是对导师所从事的教学、学术、科研等方面的工作进行全方位的了解和掌握,以便通过全面而系统的分析,更细致地了解研究生导师立德树人工作的性质、内容、流程以及其他一些细节的工作情况。以这些所掌握的信息和内容为重要的依据,制定出全面、系统、科学的评价指标体系。

(三)经验总结法

经验总结法就是相关方面的专家通过对经验的总结,从中提炼出规律性重要内容的一种研究方法。研究生导师立德树人评价工作应当邀请对相关工作了解较深入的专家,总结其经验,对关键性内容进行整理与归纳,而后形成初步的评价指标体系。

(四)专题访谈法

专题访谈法是一种通过直接面对面沟通的方式,获得有关评价指标信息的研究方法。专题访谈法是一种十分有效的方式,但其不足之处是需要花费更多的时间和精力对每名受访者进行访谈,相比前三种方法,其效率较低。专题访谈法可能与其他几种方法进行结合，作为其他方法的一种补充，共同完成评价指标体系。

（五）个案研究法

个案研究法是对一个单一的个人，或是单位、组织等单一对象进行调查研究，并从这些典型的案例中找到规律性方法的途径。在挑选个案研究法的研究对象时，应当进行精心筛选，以保证所得结果科学、全面、客观、真实。

四、评价指标体系的框架构成

研究生导师立德树人评价指标体系的框架构成分为三级指标，其中一级指标有2个，二级指标有6个，三级指标有24个，层次分明，所涵盖的内容和范围由大到小，每一级指标所占的权重有相同，也有不同，具体如表4-2所示。

表4-2 研究生导师"立德树人"评价指标

一级指标及权重	二级指标及权重	三级指标及权重
立德树人过程(0.5)	立德树人过程（0.8）	①关心指导研究生思想政治和品德发展（0.15） ②开展学风、科学道德和学术诚信教育（0.15） ③指导并支持研究生参与科研实践和学术活动（0.15） ④指导研究生学术论文和学位论文（0.15） ⑤为研究生学习和科研创造良好条件（0.15） ⑥关心研究生的身心健康、生活、就业（0.15） ⑦鼓励并支持研究生参加社会服务和志愿服务活动（0.1）
	导师教学过程（0.1）	①教学责任心、态度与热情等（0.4） ②投入教学的时间与精力等（0.3） ③教学方法的改革与创新等（0.3）
	导师科研过程（0.1）	①恪守学术道德和学术诚信（0.4） ②投入学术研究的时间与精力（0.3） ③研究的创新性、现代研究方法的运用等（0.3）

续 表

一级指标及权重	二级指标及权重	三级指标及权重
立德树人成效(0.5)	立德树人成效（0.8）	①研究生思想政治表现及各类先进荣誉（0.2） ②研究生科研能力、学术规范与学术素养（0.2） ③研究生发表学术论文，获得科研成果奖、各种竞赛奖（0.2） ④研究生学位论文质量（0.2） ⑤研究生服务社会和参加志愿公益活动等（0.2）
	导师教学成效（0.1）	①教学质量效果、教学比赛获奖、主持精品课程等（0.4） ②各类教学成果奖（0.3） ③发表教学教改论文、主编教材（0.3）
	导师科研成效（0.1）	①发表科研论文、专著的学术质量及影响（0.4） ②主持科研项目（0.3） ③科研获奖、成果应用、应用专利（0.3）

从表4-2中可以明显地看出，研究生导师立德树人评价工作主要侧重于过程与成效两个方面，两者所占权重相同，各0.5，由此可以看出研究生导师立德树人的过程与成效有着同等重要的地位。在对研究生进行立德树人教育的过程中，没有过程便不会有相应的成效，而若没有立德树人的成效，立德树人的过程一定存在一些问题。因此，立德树人教育工作的过程与成效之间有着紧密的关系，二者相互依存，相互促进。下文将详细分析一、二、三级指标的重要性以及在研究生导师立德树人评价工作中所发挥的作用。

（一）"立德树人过程"

在每个一级指标之下的二级指标都侧重于从立德树人、导师教学、导师科研三个方面展开。就一级指标"立德树人过程"下的3个二级指标来看，其中最为重要的为"立德树人过程"，这一项二级指标占有0.8的权重，是研究生导师立德树人教育过程中最为重要的内容，而另两项二级指标"导师教学过程"和"导师科研过程"分别占有0.1的权重，有着同等重要性。

1. "立德树人过程"

单就"立德树人过程"这一项重要的二级指标而言,它是研究生教育工作中的重要环节。树人应先立德,研究生道德品质的培养是围绕其一生的重要内容。而立德树人教育的过程又是研究生教育中的关键组成部分,缺失了这一环节,研究生的学术研究及科研成果也将失去其原有的价值与意义。下列 7 个三级指标中,前 6 个指标所占权重均为 0.15,有着同等重要的地位,而第 7 个指标所占权重为 0.1,与前 6 个指标相比,重要性较低。

(1)"关心指导研究生思想政治和品德发展"这一三级指标侧重于研究生导师对学生思想政治和品德发展的关心和指导程度。研究生的思想决定其言谈举止,品德发展情况又影响着一个人为人处世的行为。思想政治素质是人的政治观、人生观、价值观、道德观的集中体现,主要包括思想观念、政治品质、道德人格和法治意识四个大的方面。思想观念,主要侧重于一个人的思想、道德、理想、信念等方面,又集中体现在世界观、人生观、价值观三个部分,思想观念在研究生思想政治素质中处于关键的核心地位。研究生对世界、人生以及各个层面的价值认识得越清晰,落实到行为上就会有更明确的方向性。在研究生学习阶段,学生不仅要完成本专业的学术科研课题,还要增进对世界、社会、人生以及诸多其他事情的认知与看法,这对于其在学术科研上的成长与进步起到至关重要的作用。研究生三观的确立可以坚定其学术研究的信念,不断激励其向着更高的学术高峰探索。

政治品质即政治素质,指研究生在政治社会化的过程中,形成的相对稳定的政治观点、立场和政治行为,这是研究生参与社会政治活动所必需的内在条件与动力,同时是研究生自身的政治信仰、政治观念、政治修养、政治态度、政治方向的综合表现。对于研究生来说,在政治方面的正确认识有助于确定清晰的学术科研大方向。

道德人格指研究生人格形成的道德规定,它是研究生外在的道德行为与内在的道德素质的有机统一，是研究生自身道德影响力、道德品质和道德形象的综合体现。道德人格包含外在与内在两个层面，研究生道德人格的形成需要从思想与实践两个方面进行培养。

法治意识主要指研究生对法律现象和法律事件的理解与认知程度以及表现出的态度、情感，形成的观念与想法等心理因素，能体现出研究生对法律现象的主观感受和理解认知情况。可以说：法治意识体现的是研究生对法律行为、法律现象的看法、认知和理解的程度，随着程度的加深，研究生的法治意识也会得到相应加强，在进行一些实践活动时，会自觉以一种规范、合理、合法的行为应对所遇到的问题和现实情况。

（2）"开展学风、科学道德和学术诚信教育"同样是立德树人过程这一评价指标中的重要内容。只有全体研究生导师统一思想，凝聚各方共识，共同杜绝学术不端行为，才能真正构建起风清气正、严谨自律的学术风气，不断推动研究生教育事业繁荣发展，相关学术科研工作才能真正自由和开放。

开展学风、科学道德和学术诚信教育需要坚定不移地坚持正确的政治立场、价值取向以及学术导向，用马克思主义对这个时代进行观察、把握和理解，在学术科研的道路上做有灵魂、有理想、有创见、有立场的理论与实践研究；从中国的具体实际出发，在中国特色社会主义建设的过程中，获取和挖掘新材料、新想法、新思路，探索并发现新的问题，寻找新的解决之道；不断树立道德典范，对于德与学的关系有深刻的认识与理解，为人处世清明端正，将为人、做事、学术研究统一为一体。

（3）"指导并支持研究生参与科研实践和学术活动"是立德树人教育过程中的重要内容之一。

①科研实践方面。科研实践侧重于科学研究与实践活动的结合，将科研课题内容应用于实践是科研课题的本质目标。只是进行单纯的科学研究，无异于闭门造车，不利于科研成果向生产实践转化，科研项目的实用性及其价值也很难充分体现。研究生积极参加科研实践活动，能够

进一步明确科研方向，针对具体实践中的问题不断完善科研项目。

研究生导师在指导并支持研究生参与科研实践时，可以在研究生学习的开始阶段进行统一规划，全程指导研究生的科研实践活动，同时在实践活动中注重研究生的安全问题。另外，在开展科研实践活动前期，研究生导师应当对于科研实践的场地选定、时间安排以及相关问题的处理进行全面规划，对于各方面情况和信息应做到尽可能全面掌握，以保证科研实践活动的顺利实施。

将研究生阶段所学习的专业知识应用于现实生活的实际问题中是社会对研究生培养的关键性要求。处于学习阶段的研究生可以在学习专业知识的同时，将理论与实际紧密地联系在一起，检验对所有内容的掌握情况，另外，可提前对所学专业知识的实用性有一个整体性认识。科研实践活动能够不断促进研究生对新知识、新发现、新领域的探索热情，提高其学术研究的积极性。通过科研实践活动的积极参与，研究生还能不断补充和完善自身专业学习的内容，查找自己在研究生阶段学习的不足和遗漏点，不断补强自身学习的短板。实践是检验理论的一条有效途径，科研实践可以帮助研究生更全面地、更有针对性地查找研究生所学知识的合理性，通过不断完善的专业理论的学习，对实践工作进行更全面的指导。

②学术活动方面。学术活动主要包括学术报告、前沿讲座、各种形式的专题讲座班等，可以通过各种方式或以各种形式举办。

学术活动对于研究生来说有着重要的作用。研究生在学习专业知识的过程中，不应一味地采用闭门造车的方式独自研究，应当多与外界交流和沟通，针对某一个问题或是某一领域的问题进行广泛而自由的讨论，在争辩中不断加强对这一问题的认知，在沟通与探讨中不断巩固自己对某一方面问题的理解与认识，或是改变自己固有的错误认知。

学术活动中通常会有诸多前沿性、交叉性、新颖的内容，一些新想法、新思想、新问题会被提出，各种思想与想法在学术活动的研究与讲座中会相互碰撞，使参与人员从中获得新启发。定期举办学术活动可以有效地激励研究生在日常学习生活中积极进行本专业领域知识的学习，大量阅读相关文献资料，在学术活动举办前做大量准备工作。在涉猎前沿性的知识和信息前，研究生需要对本专业领域内的基础知识进行全面而系统性的学习，在有了扎实且全面的理论基础之后，再进行前沿知识的接触与学习，甚至是讨论，才能做到游刃有余。因此，学术活动带给研究生学习方面的影响，其中一个较为重要的方面是提高了研究生对于基础专业知识的重视程度。

另外，学术活动在很大程度上锻炼了研究生沟通交流的表达能力，同时也锻炼了其思路的清晰性。研究生想要与他人进行思想交流，首先要有清晰而有条理的思路，而后，通过简洁有力的表达传达给对方。

一些学术活动还提倡用英语作学术报告，这能够促进研究生对于英语学习的重视程度。英语是一个工具，一个通向更多领域的渠道。国际上一部分文献资料是用英语写就，在参考和使用这部分资料的时候，英语水平较高的学生就可以对文献资料有更深的理解与认识，可以提高学术研究的效率。

通过不断参与学术活动，研究生可以接触到更多更高水平的理论与思想，能够意识到作为高层次人才，自身仍存在诸多需要提升的地方，可以锻炼研究生谦虚谨慎的心理品质，意识到一山总比一山高，从而会不由自主地培养自身终身学习的心态。在进行学术交流时，研究生会更加谨慎地打磨自己的想法、观点，尽可能以更完整、科学、理性的形式与其他学者讨论交流。

综上所述，可以看出科研实践与学术活动能够给研究生带来多方面的影响，能够从多个维度激励研究生不断深入自己专业的学术研究，能够促使研究生在日常学习和生活中做出诸多改变，以提升学习的深度，调整学习心态，拓展专业知识的认知范围，开阔眼界。因此，研究生导师应当积极指导并支持研究生参与科研实践与学术活动，这也是研究生全方位发展的重要途径。

（4）"指导研究生学术论文和学位论文。"在研究生学习阶段，学术论文和学位论文是重要的学习效果展示，研究生导师应当全方位指导研究生高质量完成学术论文和学位论文。学术论文是某一专业领域的学术课题在理论性、实验性或预测性基础上形成的新科学发现或是新科学研究成果，或是一些创新的见解和知识，抑或是某个已知的原理在实践应用中取得的新进展，并将这些新内容进行科学性的总结，在各类学术活动中进行讨论、交流、宣读，或是在学术刊物上发表，或是用于其他用途。

①研究生学术论文的指导。学术论文可以衡量研究生的学术研究水平和科研能力，在学术论文的撰写过程中，选题与选材是其中重要的组成部分。在选题前，研究生需要对所选课题的相关领域有一定程度的了解与认识，清楚相关领域的前沿问题、发展方向以及实践中亟待解决的一些问题，有自己清晰的方向性。另外，研究生要清楚自己的优势、特长和所擅长的领域，或是自己最为感兴趣的研究方向。研究生对选题相关的信息与内容掌握得越多，课题选取就会更有针对性，更具价值，更贴近学术研究的前沿趋势与具体实践。在学术论文撰写过程中，选材也是其中重要的一个方面，针对所选课题，应当侧重于参考哪些方面的文献资料，会直接影响学术论文最后呈现的质量和水平。另外，通过哪些渠道去探索文献资料，辨识哪些资料的科研价值更高、哪些资料的内容更具有权威性，也是研究生需要辨别和思考的问题。

一篇学术论文的价值并不在于写作技巧，而是学术研究本身，在于选择什么样的课题，在特定的课题范围内，应当选用什么样的材料来论证和表述研究成果。但也并不是说写作技巧不重要，写作技巧应当是研究生需要掌握的一项基本能力。

学术论文具有科学性、创造性、理论性、平易性、专业性、实践性六个方面的特点。学术论文的撰写就要求研究生按学术论文这六个主要特点进行撰写，相应地，研究生导师应当根据学术论文这六个方面的特点对研究生进行全方位的指导。

学术论文的科学性要求研究生在课题立论上保持客观性，不带有个人偏见，不加入主观意识，必须根据客观实际所反映的信息和数据进行总结和整理，并对这些信息和数据进行科学专业的处理，最后从中分析出符合实际的结论。在论据的选取上，应当尽可能多地参考大量资料，通过更加充分、确凿的论据支撑自己的立论。在对立论进行论证时，研究生应当通过周密的思考，进行科学严谨的论证。

学术论文的创造性是科学研究最旺盛的生命力，其中的创造性主要在于研究生对所涉及领域独到的认知与见解，以及从自己日常的研究中提出的新观点、新理论、新想法、新阐释。科学的本性是革命性的，是在人们对其认知、发现、完善、创造的过程中，形成的不断发展变化的成长体。科学的发展随着旧理论不断被新理论代替。研究生在撰写学术论文时，体现的最重要的科学价值便是创造性。研究生导师在对研究生创造性培养方面，应当给予特别的指导，引导研究生更多地涉猎各方面与本专业相关或不相关的信息与知识，培养其积极思考的习惯，鼓励其对在学习和生活中遇到的各种现象和问题都充满好奇心，主动思考每个现象产生的背景和原理，从中发现新问题，启发自己产生更多的想法。

学术论文的理论性表现在形式上属于议论文体，有自己的一套理论系统，不是简单地将材料进行罗列和堆砌，而是对大量信息、事实、材料、数据进行科学性的处理和分析，从感性层面上升到理性层面，将一般性的现象和事实进行归纳和整理。学术论文是在扎实的事实基础上产生的，对事实的忠实是其基本前提，一篇偏离事实的学术论文将失去其重要的科学研究的根基，得出的任何结论和观点都将不成立。因此，研究生导师应当严格把控研究生学术论文的理论性，指导其从事实出发，再回到事实，解决现实中的具体问题。

学术论文的平易性要求研究生用平易近人的语言将论文的主要观点

与论据呈现给他人,让受众能够很容易地理解和明白学术论文中阐述的内容,清楚学术论文撰写者想要表达的思想。虽然学术论文中涉及诸多专业性的概念、术语、词汇,但研究生可以通过简练、通俗的语言风格进行表述,使得学术论文在专业性、科学性、严谨性的基础上,不失其平易性,同时可以通过对关键性词汇进行准确、鲜明、有力的表达,传达所要传达的论点和论据。一篇优秀的学术论文不仅可以得到相关学者专业性的认可,也能让大众很容易理解;不仅可以用于专业领域内的学术交流和探讨,也可以充分地应用于社会实践之中,而学术论文的最大价值就在于可以将新思想、新思路与新创见应用于社会实践中。

学术论文的专业性是区别于其他不同类型论文的主要特点,同时也是论文分类的主要依据。学术论文的专业性主要体现在对专业领域内的知识与内容进行科学、全面、理性的表述,对专业理论的理解深度,对相关学术研究的影响程度以及在本专业学术领域的重要程度等。

学术论文的实践性是论文价值的具体体现,也是其最重要的方面。学术论文所提出的观点与立论是否能有效地指导社会实践,决定着一篇学术论文的重要程度。学术论文中所提出的观点与想法再新颖,如若不能对社会实践产生任何有价值的影响,这些观点与想法就没有任何价值和意义。研究生导师应当在研究生撰写学术论文前,指导研究生从实践出发,从现实社会实践中的问题着手,设计并开展学术论文的撰写工作,以问题为导向,明确学术论文的大方向,侧重实用性。

②研究生学位论文的指导。学位论文是研究生为了获得某一专业学位而撰写的科学论文或研究报告,包括硕士论文和博士论文。相比较来说,博士论文具有更高的学术水平和质量。学位论文一般不在刊物上进行公开发表,只能通过学位授予单位、指定收藏单位和私人途径获得。从学术层面来看,学位论文的学术研究水平不及学术论文,所讨论和研究的学术方面的问题深度较浅。但总体来说,学位论文也需要研究生花费大量思维劳动,在专业学术上提出有建设性、有创见的观点,表现出

独特的创造性。学位论文同样需要参考大量文献资料，研究生需要对与课题相关的专业和领域进行广泛涉猎，力求更加全面地了解和掌握相关信息与知识。

虽然学位论文主要用于研究生获得专业学位，但学位论文同样可以在学术方面进行深入的研究，提出独特的见解与观点。这不仅需要研究生对自身有更高的学术要求，也需要研究生导师对研究生进行正向而积极的引导，为其树立更高的学术研究目标，而不仅是为了拿到一个学位。对学位论文有一个更高的要求，不仅可以让研究生时刻保持积极的学习心态，培养其具有更高的理想与追求；同时，也能够让研究生在未来生活中，无论就业、创业，还是从事进一步的学术研究，都能更有竞争力。

（5）"为研究生学习和科研创造良好条件。"研究生导师应当为研究生的学习和科研活动创造尽可能优质的条件，提供一切便利，让研究生可以在学业和科研道路上自由发挥，无后顾之忧地将全部时间和精力都放在学术研究上，专心于本专业的研究，专注于本课题的研究方向和问题。研究生导师可以充分利用业余时间，同研究生进行各个方面的沟通和交流，了解学生的想法与心理，将研究生的成才问题看作研究生教育工作的重要内容和职责。无论是在学术研究上，还是在日常生活中，无论研究生遇到任何问题，导师都应当尽自己所能给予有效的指引。

研究生导师应当关注学生各个方面的情况，并且及时掌握学生的心理动态，预测可能发生的情况，做好预防工作。除此之外，研究生导师还应当给予学生思想启发方面的指导，更多地指导学生进行发散思维的训练，锻炼其自主研究和学习能力，尽可能通过更多的方法和思路解决问题。

（6）"关心研究生的身心健康、生活、就业。"研究生不仅在学术研究和学业发展上需要研究生导师的指导，在身心健康、生活、就业等方面同样也需要研究生导师无微不至的关怀与照顾。研究生在校阶段需要全方面发展，健康的身心和良好的心态与学业和学术的发展和进步同等重要。研究生导师应当花更多时间和精力掌握研究生的学习状况、心理发展、情绪波动等，以便更好地解决研究生在生活、就业、创业等方面的真实问题。研究生导师还应当为研究生营造一个舒适、良性、稳定的学习和生活环境，构建自由、开放、无压力的良好氛围，以让研究生能够随时与研究生导师进行情感交流。

有时，研究生遇到的不是某个具体的学习上的问题或困难，而只是内心产生不良情绪或畏难心理，或是因为学业压力、生活困难、情感波动等原因，形成不良的行为表现，对此，研究生导师应当及时为其梳理和排解。研究生在面临就业时，也会容易出现就业焦虑问题，是选择就业，还是继续进行学术研究，此时，研究生导师应当及时与其进行有效的沟通，了解研究生焦虑的真实原因，掌握其当时的心理动向，针对具体问题给予必要的心理帮助，帮助研究生度过心理波动期。研究生导师还可为研究生搭建师生互动和学生间互动交流的平台和机制，让每一名研究生都能够在遇到困难时，找到疏解内心焦虑的方式。由于研究生的身心健康、生活、就业方面的问题是研究生切身感受较深的现实问题，因此，以此指标对研究生导师进行评价与考核，能够让研究生导师更加关注研究生成长过程中更多角度的问题，有助于研究生教育工作的顺利开展，同时，也可取得显著的成效。

（7）"鼓励并支持研究生参加社会服务和志愿服务活动。"社会服务和志愿服务是研究生思想政治教育的有效载体，在研究生思想政治教育的过程中，社会服务和志愿服务发挥着不可替代的作用。

社会服务和志愿服务可以有效地促使研究生将所学的理论与实践相结合，在实践中对理论进行检验；同时，理论知识也可对实践活动进行指导，在相互促进与发展中，研究生可以将理论与实践逐渐统一为一个整体，进而明确理论知识的实用性，明晰理论知识是否可以有效地应用于实际问题中。在理论与实践反复作用的过程中，研究生的专业素养可以得到最有效的提升。

第四章 研究生导师立德树人评价指标体系

社会服务和志愿服务可以有效地培养研究生的责任意识，使研究生逐渐加深对社会、生产和大众生活的关注度，产生更强烈的责任意识，不断激发研究生为国家、社会、人民贡献才能的热情。此外，广泛的社会服务和志愿服务可以帮助研究生掌握所在专业和领域在实践中的发展状况，推动理论学习向更实用、更深入的方向前进。

社会服务和志愿服务有助于提高研究生的综合素质，增强其适应社会的能力，帮助其在未来的就业道路上具备更强的竞争力，掌握更多的工作技能。研究生在社会服务和志愿服务中，能够更深层次地融入社会、体察社会，了解社会真实的发展状况，能够切身感受真实的生活情况，从而面对未来在社会生活中遇到的各种问题，能够保有积极的心态予以应对。另外，在各种实践活动中，通过解决和处理各种各样的问题，研究生能够不断增强自信心，以应对更多的挑战。

2."导师教学过程"

在二级指标"导师教学过程"中，"教学责任心、态度与热情等"三级指标所占权重最大，为0.4，而其余2个三级指标"投入教学的时间与精力等"和"教学方法的改革与创新等"均占有0.3的权重，处于同等重要的位置。

（1）"教学责任心、态度与热情等。"在教学过程的评价中，研究生导师的教学责任心、态度与热情等方面是极为重要的内容。研究生导师的主要职责便是通过教学的方式，对研究生进行知识的传授、理论内容的讲解和疑难问题的解答。

①研究生导师应当对所讲述内容有更全面且深入的理解，通过多种教学手段的应用，使研究生更深刻地掌握本专业或领域知识的同时，活跃教学氛围，让原本枯燥严肃的专业知识学习变得生动有趣。在教学过程中，研究生导师还应突出内容重点，明确本节课、本学期或是整个课程教学的教学目的，不断提高自身的专业能力和水平，以应对研究生提出的各种问题。研究生导师应更多地活跃课堂气氛，最大限度地调动研

究生的学习积极性，可以多采用互动式的教学手段，让研究生积极参与其中，激发其在学习过程中的创造力和想象力。

②研究生导师在授课过程中涉及的内容要更加广泛，可以结合更多的相关专业或领域，锻炼研究生举一反三、灵活运用的能力。研究生导师可以将所处的时代背景、社会发展状况、本专业学术研究进展等方面的内容融入教学中，让研究生更加深入地理解所学知识在当时情境下发挥的作用和所处的地位，让研究生能够从更高的视野审视所学内容。

③研究生导师应当以更平易近人的姿态开展教学工作，与研究生建立更加友好的师生关系，营造轻松自由的学习环境，让研究生可以畅所欲言，有任何问题和困惑都可以随时与导师进行沟通。在教学过程中，研究生导师应以饱满的热情感染学生，让学生感受到导师在进行专业领域研究时所表现出的执着、严谨、科学的心态，起到表率的作用，引导并激发研究生进行科学研究的热情。

④研究生导师在传授基本理论知识时，应当不断地拓展其深度与广度，不断激发研究生的学习热情，引导学生针对一个问题进行多方位、多角度思考，通过互动方式，让学生从更多角度理解所讲授内容，以提高教学效果和质量。

⑤研究生导师在全面讲授专业知识的同时，应当有针对性地对一个问题进行深入的解析，培养研究生对某一个领域或是某几个领域的问题进行深入研究的探索精神。研究生导师可以通过更加生动形象的方式讲解专业知识，利用通俗易懂的语言提高教学效果，鼓励研究生通过自身实践对所学内容进行验证。

从以上五点能够看出研究生导师的教学责任心、态度与热情等方面达标与否直接影响着教学过程呈现的效果，进而影响研究生学习的质量。

（2）"投入教学的时间与精力等。"研究生导师在教学过程中所投入的时间与精力充足与否，能够在很大程度上反映导师教学过程是否尽职尽责，反映到研究生身上，则体现为研究生对于知识的掌握程度以及学术研究能力的提高程度。研究生导师教学质量提升，需要其在教学工作中投入更多的时间和精力，如在讲授专业知识前的备课、指导研究生进行学术课题研究、解答研究生疑难问题等方面，都需要投入大量的时间与精力。因此，这一评价指标能够直接反映研究生导师的责任心、态度和对研究生的关注程度等方面的情况。

（3）"教学方法的改革与创新等。"研究生教育阶段，教学方法不能一成不变，需要导师根据时代发展、技术进步、学术研究的内容、研究生的认知心理特征等因素进行随时调整，以保障教学始终保持较高水平。现代教学方法以启发性教学思想为主导，根据研究生自身不同特点，采用更有针对性的方法，以激发研究生的求知欲，充分调动研究生的学习主动性、积极性，鼓励研究生积极思考，勇于尝试，让研究生真正参与到导师教学活动中，不仅是了解专业知识，还要全面系统地把握专业知识，培养学习和思考的能力，始终坚持理论与实践相结合，将课堂教学与社会实践、调查、实验等进行有机结合。因材施教，针对不同类型研究生进行分类指导，通过多种方式的教学手段最大限度地发挥研究生的特长与个性。

研究生导师应当随时关注技术的发展与进步，积极采用最新的教学技术与教学理念，结合教学内容，充分调动研究生思维能力，锻炼其手、眼、脑的协调能力，从更广泛、更全面的维度提升研究生掌握专业知识的能力。研究生导师还应当站在学生角度思考问题，清楚学生所思所想，并通过科学的方法和手段培养学生良好的思考能力和学习习惯。研究生导师可以综合应用各种教学方法和手段，不断优化组合形式，从教学方法的局限性入手，不断对其进行完善和补充。

另外，教学方法的改革与创新要将科学性与思想性进行统一。导师对于研究生在专业知识学习、学术研究等方面给予关注的同时，也要注意提升研究生思想水平，让教学工作的科学性与思想性同步向前发展。研究生教育阶段，导师还应当注重教学工作的直观性，以客观、真实的事实帮助研究生理解所学内容，培养研究生从实际出发、尊重事实、客观理性的科研态度，让研究生通过对事物或事实的观察、发现、总结并归纳出事实中的规律，加深对专业知识的掌握程度。

3."导师科研过程"

在"导师科研过程"这一项二级指标中，三级指标"恪守学术道德和学术诚信"占有0.4的权重，在3项三级指标中所占有的权重最高，地位也最为重要，而另两项三级指标"投入学术研究的时间与精力"和"研究的创新性、现代研究方法的运用等"所占权重均为0.3，有着同等重要的作用。

（1）"恪守学术道德和学术诚信"这一指标在3个指标中最为重要，同时也是研究生导师在教书育人和学术科研工作中最基本的要求。

从内容来看，学术道德要求研究生导师在学术研究中尊重事实、坚持真理，并敢于与一切伪真理作斗争，保持学术研究的纯洁性，客观公正地进行学术评价。对于研究生导师这一高层次人才群体来说，其在基础知识、认知水平等方面相较于其他社会群体有更高的对是非、善恶、好坏的判断能力与认识能力。不仅如此，研究生导师还肩负着培养新一代高层次人才的使命与任务，因此，其自身的行为和表现不仅能够在社会上产生很大的影响，而且影响着学生的成长与成才，甚至有可能影响国家和民族未来的长远发展。

恪守学术道德和学术诚信要求研究生导师有较强的自律性，在日常的教学和学术研究中保有较高的道德素养和学术诚信意识。另外，研究生导师不仅要在学术范围内具有较高的道德素养与诚信意识，在生活中也应当以同等标准为人处世。

研究生导师要时刻保有榜样意识，作为研究生的导师，同时也是学生学习的榜样，要注重自己的一言一行，保持高度的自律性，起到强有力的示范引领作用。

（2）"投入学术研究的时间与精力。"研究生导师对于学术研究的重视程度，可以通过投入其中的时间和精力来进行直观的衡量。研究生导师除日常的授业解惑之外，还应当侧重于自身在学术科研方面的发展。研究生导师在学术方面成就越高，研究的专业度与深度越深入，越会有更全面和广阔的学术视野，在对研究生教育的过程中，就能够带给研究生更多有见识、有思想的内容。

学术研究永远没有尽头，总会有未知的领域需要探索和发现，因此，从某种意义上来说，在学术研究上所投入的时间和精力越多，就越有可能收获更多的学术成果，有更多新的发现。研究生导师在学术研究上的成就，影响着导师的教学能力与教学质量，能够在一定程度上反映出导师在一个领域的造诣，这也影响着导师的教学水平，进而影响着研究生培养的质量。因此可以看出，研究生导师在学术研究上所投入时间和精力的多少，是衡量研究生导师学术研究成就与教学能力质量的一项重要指标。

但是，在学术研究上投入更多的时间和精力并不一定会产生相应的学术成果，也并不一定会给研究生导师带来学术研究和教学能力的提升。研究生导师在学术与教学方面能力的提升与诸多因素相关，而投入的时间与精力既是其中一个重要因素，也是一个基础性因素。

（3）"研究的创新性、现代研究方法的运用等。"研究生导师在学术研究和教学能力方面的提升，还与其在学术研究上是否运用创新性、现代研究方法有很大的关联。上一项三级指标"投入学术研究的时间与精力"，只是研究生导师在学术和教学能力提升方面的一个基础性因素，另一个重要因素是研究生导师在学术研究和教学工作中创新性、现代研究方法的合理运用。研究生阶段的学习本身就充满创新性和创造性，已不是本科阶段侧重于基础知识的传授，而更多地侧重于自主地发现问题、寻找解决问题的方式，并将自己创新性的想法和观点应用于现实生活的实践中。

在研究生教育中，研究生导师在学术研究和教学工作中要有创新性的想法,并要广泛应用现代研究方法,为研究生做出创新研究的表率,指导研究生时刻保有创新意识,对新技术、新方法、新思想要抱有最大限度的开放心态,广泛了解和学习各个领域的知识与思想,鼓励更多地进行各个学科间的交叉融合。研究生导师要通过自身的创新性研究,启发并激励研究生对于学术研究的兴趣与热情,为研究生提供更强大的科研动力。

因此,可以看出,研究生导师应当更侧重于学术研究的创新性,并在学术研究和教学方面广泛应用现代研究方法,拥抱新技术、新思想、新方法,并将这一意识贯穿自身整体学术研究的始终。对研究生导师科研过程这一项三级指标的评价,也是研究生教育工作中针对研究生的成长成才问题所设立。

(二)"立德树人成效"

在对研究生导师立德树人工作评价的过程中,一级指标"立德树人成效"下面包含3项二级指标:"立德树人成效""导师教学成效""导师科研成效"。这3项二级指标中,"立德树人成效"在其中占有最为重要的权重,为0.8;其他两项二级指标均占有0.1的权重比例,有着同等重要的地位。

1."立德树人成效"

在"立德树人成效"这一项二级指标之下,有5项三级指标。这5项三级指标所占有的权重比例均为0.2,有着同等重要的地位,这5项指标都从研究生角度的多个方面间接反映出研究生导师教育工作的成效。

(1)"研究生思想政治表现及各类先进荣誉。"研究生的思想政治表现和所取得的各类荣誉,在很大程度上可以表明研究生导师在教育工作中对研究生的付出程度,是评价研究生导师立德树人成效的一个重要方面。这项三级指标侧重于评价研究生导师"立德"方面的成效,在进行学术研究和教学工作之前,导师先要在"立德"方面作出表率。

这一项三级指标要求研究生导师将研究生的思想政治教育放在重要

的位置，让学生坚持正确的政治方向，紧跟国家和社会发展的总体方针政策，时刻保有坚定的政治觉悟，培养更高的政治素养。研究生在思想政治上有明确的方向，其在基础理论学习、实践活动和学术研究等方面才能有更突出表现，才能获得更多先进荣誉。

（2）"研究生科研能力、学术规范与学术素养。"研究生在学习阶段的科研能力、学术规范和学术素养同样重要。研究生进行学术研究的科研能力与在学术研究过程中的规范程度及其学术素养，是学习阶段的重要内容。

研究生科研能力是其在学习阶段要培养的最基本能力，这需要研究生导师在研究生日常学习的过程中，潜移默化地指导其进行学术研究的方法、思路、习惯，让其摆脱之前很长一段时间较为被动的学习习惯，逐渐培养自主学习的意识，主动从生产、生活实践中发现问题，自主地寻找解决问题的有效方法，在这一过程中，通过自己创新性的想法和思维，构建一套新的解决问题的方案，或是改进和优化原有的解决方案。

在学术规范方面，研究生导师应当给予学生更多的指引，将学术规范方面的相关内容传授给学生，同时要以身作则，通过自己在学术研究上的行为表现，为研究生作出正确的表率，以"身教"促进"言传"。

另外，研究生应当有较高的学术素养。研究生的学术素养是其在学术研究的过程中所表现出来的一种综合素质，其主要表现为学术知识、学术能力、学术意识和学术伦理道德。学术素养可以体现出研究生的创造力、想象力和执行力，是研究生取得重大成果或是在学术研究上取得重要科研进展的有力保证。研究生导师应当引导学生深刻理解学术素养在学术研究中的内涵，这一引导应从进行学术研究的早期开始着手，并在整个学术研究的过程中，将学术素养的培养贯穿其中。

学术素养的提升需要研究生在思想、政治、道德、学术等方面，通过勤勉的学习和自发而主动的锻炼逐渐得以实现，其需要经过长期不懈的努力，最终在思想品质、各个方面能力、学术创见上体现出来。另外，学术素养还包括研究生在为人处世过程中所表现出的言行、举止、风度、仪表等方面的特性及内容丰富的文化内涵。学术素养也是研究生的一种自我认识，是研究生基于自我的一种高标准要求，进行自我教育，不断充实自己，进行自我提升，以在各个方面得到全面提升和发展。研究生导师在这一过程中应当给予重点引导，帮助研究生完成自我认识、自我教育、自我充实、自我提升，最终帮助研究生实现全方位发展。

（3）"研究生发表学术论文、获得科研成果奖、各种竞赛奖。"在研究生导师立德树人评价工作中，"树人"是研究生导师培育人才的一个重要目标，"树人"中，研究生发表学术论文、获得科研成果奖和各种形式竞赛奖是其中的主要内容。这是研究生学习阶段在学术和学业方面所呈现的重要成效。学术论文包含的具体内容在前文已作详细阐述，这是研究生最常见的学术成效表现形式。学术论文能够表明研究生在学术研究阶段对本专业领域知识的掌握程度、对理论知识的延伸能力和应用能力，能够在更大程度上体现研究生的学术能力。

研究生能够获得科研成果奖，表明其在某一领域有自己独到的见解，并且所进行的研究有一定的系统性和成熟度，有可能应用于生产和生活实践中。

在各种竞赛中获得奖项，表明研究生在学术研究上具有较强竞争力，思维发散，不拘泥于固有的想法，或是可以将本专业所学的理论和知识与其他专业领域进行深度融合，有创造性的想法和思维。另外，各种奖项的获得也可以反映出研究生对学术研究有兴趣与积极性，具有较强的与人沟通交流的能力，在团队协作方面也有较强的合作精神。

因此，研究生发表学术论文，在学术科研活动和各类竞赛中所获得的奖励，能够在很大程度上反映研究生导师教学水平与质量。

（4）"研究生学位论文质量。"研究生学位论文不只是要求完成，还要在质量上对其进行把控，学位论文不只是要满足研究生毕业拿到学位证书的目的，还应根据研究生的能力与实际情况，让其具有更高的学术价值与实用意义。研究生导师对于研究生学位论文的要求标准可以向学术论文的高标准靠近，以提升研究生的学术素养，提高其未来步入社会参与工作或是进行自主创业的竞争力。

研究生在撰写学位论文时，研究生导师更应当关注论文的内容、框架结构、观点提出、论据论证等内容，鼓励研究生多融入自己独到的见解与观点，不可照搬照抄他人的观点与想法，尊重他人的学术成果，保证学位论文的独创性与创新点。

学位论文中所使用的数据必须保证真实、可信，不得伪造数据以迎合自己所提出的观点和想法。学位论文数据的真实性和可信度是学位论文立论成立的根本。

保证研究生学位论文的质量，需要研究生导师为学生提供一切辅助，正确引导其把控论文研究的大方向，指导其大量查阅资料，从纵向和横向两方面对所研究课题进行充分论证。必要时，研究生可通过大量实地调研的方式，提高学位论文数据的准确性与客观性。

此外，学位论文还要具备四个重要特性：先进性、前瞻性、创造性、可实现性。这四个特性相辅相成，有机统一于一体。

学位论文的先进性需要研究生持续关注本专业学科的热点事件和问题，使学位论文从选题策划时就站在一个较高的标准上。

前瞻性要求学位论文在确定选题时，保有对本专业深入而全面的预测。研究生对学术研究的发展情况要有一个整体的了解和掌握，明确自己所研究课题的定位和价值。

学位论文的创造性不言而喻，学位论文的内容、形式、观点、数据采集方式、论证方式等都可以体现其创造性内容，可以是对原有想法、观点、研究进行革新，或是完善、补充现有的观点。在学位论文撰写的过程中，每一个环节都可以体现创造性。研究生导师可以根据研究生所具有的特点、优势、个性，有针对性地培养其创造性。

学位论文的可实现性就是论文价值向生产实践进行转化的特性，学位论文的可实现性是学位论文重要的特性。研究生的学习职责是要为社会创造更多有价值的成果，不断提高人们生产和生活的质量与品质。

（5）"研究生服务社会和参加志愿公益活动等。"在研究生的学习阶段，不仅有基础理论知识的学习，还有各种形式的社会实践，不经过实践的检验，研究生对理论知识的掌握程度只可能处于较浅层面上。研究生服务社会及参与志愿公益活动的表现，能够反映研究生导师在培养研究生方面的指导和教育效果。在各种社会实践活动中，锻炼的是研究生各个方面的综合能力，不仅包括专业领域知识和学术素养方面的锻炼，也包括除学术和学业之外的其他能力的锻炼，如沟通协调能力、组织能力、适应能力等。

另外，研究生在社会实践方面的表现也可以反映研究生的社会责任感，对社会问题的关注度。通过实践的方式参与社会活动，能够让研究生对社会有更深的理解与认识，更新固有的认知，检验理论知识的实用性。对社会和生活更深入的体察，能够促使研究生进行更多角度的思考，考虑更多方面的问题，理解和分析问题不再是单一的二元模式，共情能力的提升及换位思考的方式能够增强研究生更全面看待问题的意识。

在志愿服务中，研究生的奉献意识可以得到有效的加强，这也可以反映出研究生的思想政治觉悟。对于研究生导师来说，服务社会和参加志愿公益活动是实践育人的重要方式，对于研究生成长成才有着极为重要的意义。

广泛的社会实践活动是研究生步入社会前的重要实践，可以给研究生未来就业与创业提供一个缓冲阶段，也是一个重要的试验场所，通过这一实践平台，研究生可以充分发挥自己的能力，不用过多担心自己是否会犯错，只要不是大方向或是政治性的错误，研究生的任何想法和创意都可以在社会实践中进行尝试，并从中总结经验，对所学的理论知识进行充分检验，将理论与实践不断进行磨合，使二者有机结合。

2. "导师教学成效"

在"导师教学成效"这一项二级指标下，有 3 项三级指标："教学质量效果、教学比赛获奖、主持精品课程等""各类教学成果奖""发表教学教改论文、主编教材"，其中，"教学质量效果、教学比赛获奖、主持精品课程等"占有的权重为 0.4，在 3 项评价指标中占有最大的权重，处于重要的位置；而其余 2 项指标权重均为 0.3，具有同等程度的重要性。这 3 项指标均为导师教学成效中常见的成果。

（1）"教学质量效果、教学比赛获奖、主持精品课程等"这一项三级指标中主要包含三项内容，在整个二级指标中占有最重要的权重。其中教学质量的效果是评判一名研究生导师教育工作极为重要的方面。研究生导师首先要以研究生教学工作为己任，这是导师最为基础的职责，研究生的一切学业成绩和学术成果都建立在此基础上。研究生导师的教学质量需要有扎实的专业能力、创新式的教学方法、系统性的教学思路等作为支撑，以使研究生在轻松、自由、开放的氛围中，掌握基础理论知识。同时，培养研究生在各个方面的能力与视野。通过教学活动的开展，为研究生打开更宽广的视野，通过分享与本专业相关的或不相关专业和领域的知识，启发研究生探索未知领域的好奇心与欲望。

教学比赛的奖项是研究生导师教学效果体现的一个方面，从中可以看出导师在教学方面的突出表现。通常来说，研究生导师具有扎实的专业素质，有创新性的教学方式，对专业知识的理解更为深入，能够明显区别于其他导师，才能在教学比赛中有出众的表现。在教学比赛中获奖可以反映一名导师的综合能力，不仅体现在研究生教学工作中，还体现在教学过程中的表达技巧以及与研究生的互动方式上。

研究生导师如若主持过精品课程，则能表明研究生导师在课程设置上有较高的水平，对于课程本身的价值与意义有很强的把控能力。能够亲自主持精品课程说明研究生导师的教学质量处于一流水平，能够组织一流的教学内容，运用一流的教学方法，对教学工作有一流的管理经验。

精品课程中需要运用先进的教学方法和手段，如合理运用现代技术、新媒体、大数据等手段，改变传统的教学观念，对教学活动进行有效管理。精品课程中，对于教材也有着特殊的要求，研究生导师可以自行编写适合自己使用的专用教材，同时可选用国家级优秀教材。导师也可以选用一体化设计、由多种媒体进行有机结合的立体化教材。

　　精品课程的内容要尽可能地体现其基础性、前沿性、研究性，把本学科最新的研究成果以及时代发展的大趋势引入教学工作中。精品课程的基础性保障了课程的基础支撑，强调面向大部分研究生基础知识的传授。精品课程的前沿性体现在对前沿科技与知识的及时把握，对大量前沿信息进行有效的筛选，从中选出为教学工作所用的前沿知识。精品课程的研究性注重对相关研究的深入挖掘与探索。对于实验性课程内容，其探索性、综合性、技术性三者的关系应当处理得当。研究生导师在精品课程的主持中可以融合实践部分，让研究生在课程学习的过程中，当时就将其转化为实践，从实践中发现问题、提出问题，并找到解决问题的方法。

　　（2）"各类教学成果奖。"高等教育国家级教学成果奖是在国家层面上对教学研究和实践领域中的突出表现给予的最高奖项，每四年评审一次，获奖的项目需要在教育教学理论及实践中取得重大突破。各省和地方也有各类不同的教学成果奖，研究生导师在教学工作中取得极为突出的进展，才能有机会获得此类奖项。这一指标的设定可以从侧面反映出研究生导师优异的教学水平和教学成果。

　　当然，不同级别、不同类型的教学成果奖，其价值与重要性都不同，但总体来说，都是对研究生导师教学工作的一种认可与激励，以此为评价研究生导师立德树人的指标，能够在一定程度上反映研究生导师的教学能力。研究生导师在教学活动中有自己的创见，以及自己创新式的教学方法，对于研究生立德树人教育有着重要的作用，这是提高研究生专业知识学习能力的重要前提，导师能够提供高质量的教学条件和高水平的教学内容，就能让研究生从中掌握更深入的理论知识，思维得到更广泛的发散。

综上所述，这一指标的设定可以有效地提升研究生导师立德树人教学工作的质量与水平，有助于提高研究生在德育和成长成才方面的效率。

（3）"发表教学教改论文、主编教材。"随着社会的不断发展，技术的不断进步，研究生教育工作也应当跟随时代发展的脚步，进行相应的变革，充分利用新技术、新方法、新手段、新思维，创新教学方式，不断优化教学工作的效率和质量，让研究生在学习过程中拥有更强烈的学习热情和积极性。

研究生导师能够发表教学教改论文的一个前提，是其对于教学工作有长期实践经验，有着扎实的理论根基，对教学工作有自己独到的想法和创见，能够结合一些新思路，使思维更加灵活，能够根据教学工作中的具体情况随时进行调整，以促进研究生更高效地接受知识，提高对问题的思考能力。

研究生导师对某一课程有独到的见解与认知，而这些认识和创新性的想法也非传统的教学方法，能够根据自己实际教学工作的需要主编教材，表明研究生导师在教学上有更突出的成效，与之对应地，研究生在学习过程中也会收获更多的知识、想法、思维方式和重要理念。

3. "导师科研成效"

在"导师科研成效"这一项二级指标中，包含3项三级指标："发表科研论文、专著的学术质量及影响""主持科研项目""科研获奖、成果应用、应用专利"，其中，第一项三级指标所占的权重最大，为0.4，也最为重要；而其余两项指标所占权重均为0.3，有着同等重要的地位。

（1）"发表科研论文、专著的学术质量及影响"是评判一名研究生导师是否优秀的一个重要方面。相对来说，能够发表科研论文或专著是一件较为容易的事，但所发表的科研论文或专著具有很高的水平和质量，并且在学术界拥有一定的影响力，则是一件相对困难的事。毕竟，在本专业领域内产生一些具有创造性的教学想法或是改进一些固有的教学模式并非易事。

首先，研究生导师在学术研究或教学工作中要有长期的积累，获得相关专业领域大量宝贵的经验，才能在长期的学术研究和教学工作中产生一些新想法与创新点，再加上传统的学术研究方法或是教学手段很难与发展迅猛的时代接轨，同时很难跟上社会发展的脚步，因此研究生导师发表高质量且有影响力的论文、专著并非易事。科学研究本身就是在不断创新中向前发展，在创新中求变化。导师在日常研究和工作中经验的积累，将会不断催生新的想法和创见，这也推动着研究生导师将各种新想法和发现进行归纳总结，最终以论文或专著的形式进行呈现。

其次，发表高质量且有影响力的科研论文或专著，研究生导师需要广泛涉猎各方面的知识，不断拓展自己的认知边界，彻底解放思想，拥抱各种不同观点，对于有所关联的知识体系或方法进行深层次融合与交叉。一些革新的内容需要在不断融合与尝试中逐渐显现，而独创性观点在科研论文或专著中占比较小，大部分新的观点或想法都建立在已有的成果之上。随着社会的不断发展，科技进步的速度逐渐加快，专业间或领域间融合的趋势也愈加明显，这些融合看似有着较大的任意性和随时性，但都有其内在的逻辑性，彼此间都有相互交叉的方面，有着一些相似之处。而如何将一些相互关联的知识体系或是方法论有效地联结在一起，产生一加一大于二的效果，则需要研究生导师利用自身积累的经验以及对这一领域理解的深度与广度来进行最终抉择。

再次，研究生导师除了要有长期的经验积累，要广泛涉猎相关信息与内容外，还要有对本专业学术研究的持之以恒的钻研精神。一般来说，研究生导师在科研方面要实现更高追求，需要投入大量的时间和精力，这可能是常人不能轻易达到的状态。对于进行科学研究和教学工作的研究生导师来说，在学术研究和教学工作中要想有所作为，就需要付出更多的努力。在一个课题或是问题上，有可能需要花费大量的时间，如果没有持之以恒的努力和心态，则很难完成一项研究。

最后，除了要有持之以恒的钻研精神和坚持不懈的努力，研究生导师还要有对学术研究的强大热情。单纯的坚持有时并不能一直持续下去，而是需要导师发自内心热爱本专业领域的研究，并准备用其一生专注于学术研究。

从这一指标的评价中，能够反映研究生导师多个方面的综合能力与素养。因此，在二级指标之下，这一项三级指标占有最为重要的权重，也发挥着最为重要的作用。

（2）"主持科研项目。"科研项目是开展科学研究的一系列复杂的、独特的，并且相互之间存在关联的活动，这些活动有一个明确的目标或目的，需要在特定的时间、预算、资源范围内，依据相关规范完成。其中项目参数包括项目范围、成本、质量、时间、资源等。

从高校角度来看，科研项目可分为校外科研项目和校内科研项目，校外科研项目的研究经费来自校外，而校内科研项目的研究经费来自校内。校外科研项目又可分为纵向科研项目和横向科研项目。

纵向科研项目的经费源于上级机关或项目主管部门的拨款。纵向科研项目分为国家级项目、省级项目、市级（不含县级市）项目三大类。横向科研项目意指由其他政府部门（含国家部委、省市部门）、企事业单位、公司、团体或个人委托高校教学科研单位或导师进行研究或协作研究的各类课题。

校内科研项目可分为一般科研项目和专项科研项目，其中一般科研项目又可分为人文社会科学研究项目和自然科学研究项目，专项科研项目可分为教授专项和博士专项两种。

即使是校内科研项目，也包括多个方面的内容，需要多方参与。研究生导师主持与完成一个科研项目，需要考虑诸多方面的因素，如项目所涉及的范围、项目的成本预算、项目质量把控、项目的周期安排、项目所需资源的配置等。一个科研项目从筹备到最终完成，是一项复杂而系统的工程，能够完成一个科研项目，考验的是研究生导师各个方面的综合能力。而国家级科研项目更为庞大而复杂，需要研究生导师有更高水平的综合能力，不仅需要在学术研究方面有突出的成果和深入的研究，而且需要导师有更高水平的统筹协调能力和沟通交流能力，能够保证一个科研项目的正常运转和完成。

（3）"科研获奖、成果应用、应用专利。"研究生导师在学术科研上能够获奖，有相关学术或研究成果能够在生产或生活实践中得以应用，或是有专利已在生产实践中得以应用，在很大程度上表明其在学术科研或教学工作中有突出贡献，有明显的成效。这些成绩或成果的取得，反映了一名研究生导师在立德树人教育工作中起到显著的表率作用，为研究生树立了一个优秀科研工作者的榜样。

研究生导师在学术科研中产生一些独特性的创见，在科研方面获奖，从某种程度上表明导师具备较高的科研能力，有自己独到的创见和认识。

研究生导师学术研究的成果在实践中能够应用，表明科研成果具有较大的实用性，更好地结合了理论性与实践性，反映了导师对于实践有更深入的了解与认知，明晰实践中亟待解决的问题。

研究生导师有自己的应用专利，表明导师在某一专业领域内有自己独到的发明和创新想法，并且这些发明和创新想法可以应用于实践中。无论是科研获奖、成果应用，还是应用专利的取得，都能表明研究生导师在立德树人成效中有着突出的贡献。

第五章 研究生导师立德树人评价方法

第五章 研究生导师立德树人评价方法

第一节 评价理论介绍

一、教育评价理论

教育评价是对所实施的教育活动、教育进程、教育成效进行科学判定，一般遵循一定的教育价值观和确定的教育目标，并使用标准客观的手段进行收集、分析和整理，以得出符合教育规律及促进教育质量方法的过程。自20世纪80年代以来，我国的教育评价理论和方法得到快速发展，主要体现在教育评价内容的全面性、教育评价方法的多样性、教育评价主体的多元化及注重教育评价的教育性和发展性功能等方面。教育评价的评价目的是不断推动教育的发展，导师立德树人评价作为导师评价的一个重要方面，在设计评价指标体系时必然要遵循教育评价理论。在选择评价方法时，要注重定量和定性相结合的方法、自评与他评相结合的方法等，充分发挥各种评价方法的优势，完善和补充其中的不足之处，从而使评价结果更具有客观性和公正性。

二、奖惩性教师评价

奖惩性教师评价主要以奖励和惩罚为最终目的，以教师的日常工作行为和工作业绩作为评价依据，得到评价结果，并将此作为评优、评先、晋升、发放资金的重要依据。其功能主要表现在以下两方面。

一是鉴定和考核教师的日常工作表现和工作业绩是否与学校所制定的总体目标相符，教师的个人发展目标是否与学校的总体发展目标同步。

二是根据教师的日常工作表现和工作业绩，执行相应的奖励或惩罚措施。

奖励性评价在学校管理中的突出表现有"末位淘汰""奖优罚劣""优胜劣汰""能者上"等。奖惩性教师评价，无论对于学校的整体发展，还是对教师的专业发展，都起到很大的促进作用。奖惩性评价将学校的长远发展与教师的个人发展联结在一起，通过激励的方式，将教师的教学工作统一到学校发展的规划中，而在将个人发展与学校发展相结合的过程中，教师和学校都能围绕同一个目标，不断推进自身工作向前发展。

从另一角度来看，奖惩性教师评价自上而下发生，关注的是教师已经表现出的工作行为，更侧重于评价的最终结果，而教师基本不参与此类评价，通常只是被动接受评价结果。因此，这种评价不能有效地引起全体教师的重视，有时可能会引发教师与评价主体之间的紧张关系。如果所实施的方式不科学、不合理，则容易影响教师整体素质的提高，甚至可能产生一些消极的影响。

因此，运用奖惩性教师评价，应当结合科学、合理、有效的方式，重奖励而轻惩罚，更多地通过奖励的方式调动教师的工作积极性，而所设置的惩罚方式可作为辅助，配合奖励方式，从不同维度对教师进行更合理的评价。

第二节　评价功能

一、合格性评价

合格性评价侧重于品德评价的基础性，是从底线出发的一种评价方式。合格性评价的目的不是为研究生导师划定一个明确的品德等级，而是在公平公正的基础上对研究生导师的品德发展展开全面评价。研究生导师立德树人评价不是为了单纯得到一个结论性判断，而是提供一个诊断性方案，以促进一些在品德发展水平上还没有达到标准的导师不断发展。合格性评价克服了品级性评价的一些缺点与弊端，其能更好地满足研究生导师立德树人评价工作的需要，主要表现在以下四个方面。

第五章　研究生导师立德树人评价方法

（一）合格性评价更符合研究生导师立德树人评价工作的目标

在国家相关政策层面，2018年1月，教育部印发了《关于全面落实研究生导师立德树人职责的意见》，其中对研究生导师立德树人评价工作作出了详细而具体的指导，包括评价工作的指导思想和总体要求，明确了研究生导师立德树人评价的方向和目标。

研究生导师立德树人评价工作，注重根据研究生教育工作的客观规律，不断创新研究生教育的指导方式，全面而深入地扎根于研究生教育和培养工作，全过程、全流程、全方位培育人才，不断促进研究生导师立德树人工作。

合格性评价侧重于道德的基础性，关注道德底线，侧重于塑造研究生导师的公民品质。不难看出，合格性评价能够更好地完成研究生导师立德树人评价工作的目标。

（二）合格性评价更符合品德评价本身体现出的规律性

事实上，研究生导师的道德动机、道德行为、道德效果三个方面通常不能有机地统一起来，这种不一致使得在对研究生导师进行品德评价的过程中，难以判断品德的真实动机与其行为和效果是否真正相符。以往的品级性评价未重视品德测评的规律性与特殊性，通常是通过某一种单一的测评标准对品德进行评价，并最终划定研究生导师的道德品级，这种方式仅局限于道德评价的一个方面。即使是对研究生导师的各个方面都进行评价，这些方面也不能有效融合为一个有机的整体，在理论和实践两个方面都存在诸多缺陷，因此，其评价的价值和意义相对而言并不大。

合格性评价并不侧重研究生导师道德品级的测定，其虽然无法客观地测定出研究生导师道德水平及其发展状况，也不能以数据的形式更明确地体现出来，同样不能分别就研究生导师的道德动机、道德行为、道德效果三个方面进行准确的测量，但其在研究生导师道德水平和素养方面划定一条界线，侧重研究生导师基础性道德品质的重要性，使暂时没有达到立德树人标准的导师向合格的方向发展。

合格性评价更多关注的是研究生导师立德树人评价工作自身的规律性，注重其内在的逻辑，同时关注研究生导师立德树人评价工作的整体性，在道德动机、道德行为、道德效果三者相互关联的基础上，侧重其整体呈现的效果与质量，使得研究生导师立德树人评价工作更具有代表性。

（三）合格性评价更符合研究生导师立德树人教育工作发展的特殊性

研究生导师立德树人教育工作发展的特殊性主要表现在以下两个方面。

1.研究生导师立德树人教育工作的发展性

随着社会的发展，技术不断更新迭代，时代对于研究生导师立德树人教育工作不断提出新的更高要求，为了持续满足社会发展和时代要求，研究生导师立德树人教育工作应当随时紧跟时代和社会发展的脚步，不断创新立德树人教育工作的形式，更新教育工作的内容，不断结合最新的教学方法与手段，调动研究生在道德素养提升和科研能力提高方面的积极性。研究生导师为了提升自身教学水平和能力，需要大量涉猎本专业领域以及其他相关专业领域的知识与内容，不断提高自身学术及教学能力，为研究生提供更高质量的教学内容与学术指导。

对于处于不断发展中的研究生导师立德树人评价工作，不能只通过简单几个方面的标准对其进行评价。所制定的评价标准越细致、越具体，越难维持一个持续性和稳定性的评价。另外，从时间跨度上进行历史对比时，也容易由于标准不断随着时代发展调整，而难以保证评价对比的有效性和可比性。

2.研究生导师立德树人教育工作的可塑造性

对研究生导师立德树人教育工作进行评价，要考虑到研究生导师立德树人教育工作未来发展的各种可能性。虽然研究生导师在思想政治、心智、经验、情感、学术、教学等方面都已成熟，但在立德树人教育工作中仍存在很大的可塑造性，拥有不同程度的发展潜力。合格性评价基于合格性的要求，对研究生导师立德树人教育工作的开展进行诊断，以帮助研究生导师向正确、健康、良好的方向发展。合格性评价对于道德不合格的研究生导师能够在道德上起到监督和促进作用。

综上所述，研究生导师立德树人合格性评价工作的目标具有发展性，并且具有很强的可塑造性。合格性评价侧重于研究生导师立德树人教育工作未来发展的可能性，而不只是把关注点聚焦在立德树人教育工作发展的当下。

（四）合格性评价更符合道德价值的开放性，其赋予研究生导师一定的价值选择权利

在以往立德树人教育工作的品级评价中，设定了一个较高的道德评价标准，通过这个标准对研究生导师进行道德等级评价。在品级评价中，等级高的研究生导师更接近于这个标准，而等级低的研究生导师与这个标准制定的要求则相去甚远。这样一个评价标准为研究生导师限定了一个固定的价值范围，使研究生导师必须完全以这一标准为限定，在很大程度上限制了研究生导师在立德树人教育工作中的选择权，相比较而言，这种评价工作的灵活性也会较低，不能很好地满足时代和社会对研究生导师立德树人教育工作的要求。

研究生导师在立德树人教育工作中拥有自由的选择权是一件重要的事项，尤其是在一个更加多元开放的社会发展大环境中更是如此。当今世界被大量各式信息包围，生活在其中，人们如果没有主观的判断能力，不能有效地决定自己未来的发展道路，就很容易迷失自我。世界、社会、技术、人们的观念发展变化如此迅速的今天，未来充满了不确定性，而如何更好地把握这种不确定性，决定了每个人未来的道路。由此可以看出，研究生导师所面临的世界发展大环境亦是如此，如何在充满不确定性的环境中，将自己的学术研究与教学工作有序向前推进，是摆在每一名研究生导师面前亟待解决的重要问题。

越是这样的环境，越需要研究生导师在立德树人教育工作上有更灵活的选择权；同时，研究生导师也要具备这种道德上的选择能力，具有一定的主观能动性。另外，需要注意的是，研究生导师在道德层面的自主选择能力也应当是每位研究生导师应当具备的基础能力。研究生导师具有更强的独立性，有自己独立判断的能力，对事物有自己的见解与主张，能够促进立德树人教育工作的顺利开展。

合格性评价正是关注到这一点，在道德底线的基础上对更高的价值标准保持了开放性，允许研究生导师在底线之上可以进行充分的道德选择。更自由的道德选择对研究生导师立德树人教育工作不是一种束缚和限制，恰恰相反，有一种促进作用。合格性评价能够鼓励研究生导师的立德树人工作向更高的方向发展，但这种鼓励并非强制性的，而是可由研究生导师进行自由选择。

更加自由开放的道德评价标准，可以满足研究生导师立德树人教育工作不同时期、不同教学方法、不同教学理念的需要。立德树人教育工作在整体的教学效果上符合合格的标准，也就会收到积极的教学成效。另外，合格性评价在某种程度上也提升了研究生导师的道德选择能力，促进了导师在如此多元化发展的社会中不断提升道德素养。

综上所述，合格性评价更符合研究生导师立德树人评价工作的目标，更符合品德评价本身所体现出的规律性内涵，更符合研究生导师立德树人教育工作发展的特殊性，也更符合道德价值的开放性，其也赋予了研究生导师一定的价值选择权。合格性评价在研究生导师立德树人评价工作中的可行性可以从理论与实践两个视角进行探讨与分析。

第一，从理论视角来看，当前伦理学理论和德育理论的发展都表现出对于基础性的道德原则和道德品质的关注。从这一方面来说，合格性评价具有更为坚实的理论基础，具备理论上的可行性。近几年对于德育理论的研究，出现了一种回归基础的趋势，对于日常生活中的基本道德原则更为重视，期望生活与道德相互融合，从而建立起以生活道德为核心的道德教育体系。[①]而这样的道德教育体系，其主要目的在于回归基础性的道德要求，培养人们的基本道德品质。

另外，伦理学研究也在逐渐强调普世伦理和底线伦理两个研究视角的重要性。在普世伦理看来，全球化的不断推进，必须有一种世界性的伦理出现，这种世界性伦理必须是以基本的道德共识和道德底线为基础的，它是一种基于人类公共理性和共享性价值的伦理理念。从这些伦理学研究发展趋势来看，对于底线道德和基本道德品质的高度重视，将是未来研究生导师立德树人教育工作的重要发展方向。道德教育回归基础、回归底线，也就意味着品德评价同样应当回归基础、回归底线。合格性评价能够适应这样一种发展趋势，正是建立在底线基础上的评价方式，其侧重于最基本的道德素养的培养，强调对研究生导师合格道德品质的塑造。因此，从这个层面来看，合格性评价与当前研究生导师立德树人教育工作评价的发展趋势相符，在理论上具有可行性。

第二，从高校立德树人教育实践的角度来看，合格性评价同样具有现实的可行性。具体表现在三个方面：①合格性评价更容易为人所接受，因而能更顺利地在高校立德树人教育实践中展开。合格性评价不会给研究生导师简单地贴上"A、B、C、D"或"优、良、中、差"等道德等级标签，能更好地避免给研究生导师以道德压力，从而为研究生导师立德树人教育工作营造一个公平且温和的道德环境。②国家对于研究生导师立德树人教育工作的方向指导，为合格性评价提供了政策方面的保障。合格性评价强调回归基础性的道德原则，回归研究生导师最真实的学术研究和教学工作中。③合格性评价可能会筛选出一部分不合格的研究生导师，这一部分研究生导师也是高校进行立德树人教育工作中最需要重

---

① [美]丹东尼奥，贝森赫兹.课堂提问的艺术：发展教师的有效提问技能[M].宋玲，译.北京：中国轻工业出版社，2006：195.

点关注的群体。合格性评价不是为了区分研究生导师在立德树人教育质量上是否达到合格标准，而是为了更充分地了解研究生导师立德树人教育工作的基本情况，促进研究生导师教育工作正向发展，进而促进研究生在道德素养和学术研究方面都能得到最高质量的教学品质。

二、水平性评价

水平性评价在研究生导师立德树人评价过程中起到重要作用，其既可以了解预先设定好的教育目标达成的效益，也可以了解研究生导师的教学水平、研究生的学习水平与预设水平之间的差距，还可以实现评价的鉴定功能。

水平性评价中的预设目标本身具有一种导向性作用，其结果对被评价的研究生导师过往的立德树人教育工作有诊断作用，对研究生导师未来在立德树人教育工作的努力方向具有指导作用。水平性评价能够对研究生导师过往立德树人教育工作的表现进行评判，显示研究生导师过往的表现情况，对研究生导师未来立德树人教育工作的实践能够起到指导作用。

水平性评价结果也是对研究生导师教学工作的一种记录，因此，水平性评价具有记录作用。对过往教学工作表现的记录，能够对今后工作努力的方向起到参考与指引的作用。研究生导师立德树人工作的创新与发展可以有效借鉴先前工作的优点，基于对过去工作情况更清晰的掌握，从而获得有效的经验积累。

三、增值性评价

增值性评价是国际上最为前沿的教育评价方式，其不以学生的考试成绩作为评价学校和教师的唯一标准，而以学生学业成就为依据，跟踪学生在一段时间内学业成就的变化，并将客观存在的不合理、不公平因素的影响分离开，考察一所学校对学生学业成就影响的净增值的评价。

将增值性评价置于研究生导师立德树人教育工作的评价中，就是以研究生导师在立德树人教育工作中所取得的成就变化为主要依据，观察研究生导师在某一特定时间内在立德树人教育工作中所取得的成就变化，并剔除其中不合理、不公平的影响因素，从研究生导师在立德树人教育工作的整体发展中对其进行评价。

简单来说，增值性评价就是将关注点放在发展与进步上，不对研究生导师进行横向比较。比如，一名在立德树人教育工作中表现一般的研究生导师，相比之前，一旦取得较大的进步和成就，就应当获得褒奖；与之相对应地，如果一名在立德树人教育工作中成绩突出的研究生导师，相比之前，只是原地踏步，甚至退步了，那么即使现在后者比前者仍有突出的表现，也不应得到褒奖，而应接受批评。

增值性评价可以有效地调动每一名研究生导师在立德树人教育工作中的积极性，让后进导师更有动力不断提升自己立德树人教育能力与质量，同时，原本表现突出的导师有了更大的竞争危机，更要时刻保持自身在立德树人教育工作中的先进性。增值性评价营造了一个更加公平的竞争环境，能够有效地激发接受评价的每一个人的潜能。

第三节　评价方法

一、360 度反馈法

360 度反馈法也称为全方位反馈评价或是多源反馈评价。360 度反馈法评价是由与被评价者有密切关系的人，包括被评价者的上级、同事、下属和客户等，分别以匿名的形式对被评价者进行评价的一种方法，同时，被评价者对自己也要进行评价。而后，由专业人士根据有关人员对被评价者的评价结果进行汇总与分析，再对比被评价者的自我评价向被评价者提供全面的反馈情况报告，以帮助被评价者提高自身的能力水平和业绩。

针对研究生导师立德树人评价工作来看，在360度反馈法评价过程中，参与评价的主体为研究生导师的领导、同事、导师所辅导的研究生、导师自己等。360度反馈法能够从更加全面的维度对研究生导师在立德树人工作中的表现进行有效的评价，以帮助研究生导师不断提高立德树人教育工作的水平与质量。

（一）360度反馈法评价的目的

360度反馈法评价的主要评价目的是服务于研究生导师个人在立德树人教育工作中的发展，而不对研究生导师进行任何的行政管理，如提升、工资标准制定、绩效考核等。从评价工作的实践中可以看出，当评价用于不同的目的时，同一个评价者对同一个被评价者会有不同的评价；相反，被评价者对于同样的评价结果也会产生不同的反应。当360度反馈法评价的主要目的是用来为研究生导师提供未来立德树人教育工作的指导时，评价者所做出的评价会更加公正和客观，研究生导师也更乐于接受评价的结果。而当360度反馈法评价主要应用于行政管理，研究生导师的提升、工资标准制定等方面的工作由评价结果来决定时，研究生导师就会考虑自身利益的得失，所开展的评价工作也就很难做到公平客观，同时，研究生导师也会怀疑评价者对其评价的公正性与准确性。因此，当高校将360度反馈法评价用于对研究生导师的行政管理时，一方面可能会导致评价结果失去可信度，甚至其评价的效果还不如研究生导师的上级对其直接进行评价；另一方面研究生导师对评价结果产生怀疑的同时，会直接影响高校内的人际关系。

由此不难看出，高校的管理者应当将360度反馈法应用于提升研究生导师立德树人教育工作能力。特别值得一提的是，将360度反馈法应用于研究生导师的个人发展时，高校会收到明显的投资收益比。无论什么方式的评价，都是帮助研究生导师及时发现在学术研究或工作中存在的不足之处，方便研究生导师有针对性地通过各种方式提升自身立德树人教育工作的能力与质量。

如果高校将360度反馈法应用于对研究生导师的行政管理中，高校应当在对研究生导师进行评价前就对其表明评价的目的，切忌在评价过程中或是在评价工作完成后再告知研究生导师此次评价工作的目的，否则研究生导师会对高校管理层和评价工作失去信任。

另外，需要注意的是，如果高校内部教职员工的相互信任程度比较低，在通过360度反馈法对研究生导师进行评价时，应尽可能全面地考虑各方利益和关系，谨慎选择此评价法。

（二）评价问卷设计

360度反馈法通常采用问卷法。一般来说，问卷的形式主要分为两种，一种是给评价者提供5分等级，或是10分等级的量表，称为等级量表，让评价者在对研究生导师进行评价时选择相应的分值；另一种是让评价者写下自己对研究生导师的评价意见，通过开放式问题的方式对评价者进行提问。高校根据自身情况，可以将这两种形式综合起来进行应用。

从问卷的内容来看，评价表上的内容可以包括与研究生导师立德树人教育工作密切相关的行为，也可以包括在研究生导师立德树人教育工作中共性出现的行为，或者是两者综合的行为。

常见的360度反馈法评价问卷大多采用等级量表的形式，有时也会将开放式问题融入其中。问卷的内容大多是被评价者比较共性的行为。相比较来看，等级量表的形式与开放式问题相结合，评价主体对被评价者进行等级评价的同时，可以通过自己的主观表述对被评价者进行更为详细的评价，最终所得到的评价结果将会更接近被评价者实际情况，评价结果也会更加准确和全面。

通过评价问卷的方式进行360度反馈法评价具有两个突出的特点。

1. 评价成本更低

最为简单易行的方式是从相关评价机构购买评价问卷，通常来说，评价问卷的价格也较低，且省时省力，不用高校自己设计并制作评价问卷。

2.实施过程更简便

利用评价问卷的方式进行360度反馈法评价，高校可以将购买来的评价问卷发放到评价主体手上，而后将回收的问卷交给供应商进行统计和处理，或是按照供应商所提供的方法自行进行统计、处理和分析，最终得到评价结果。

虽然问卷式的360度反馈法评价成本更低，并且实施过程也更加简便，但在实际操作中也存在一些不足之处。这样的评价问卷，其内容多涉及被评价者的共性行为，而不能反映高校自身状况中的特殊性，也不能很好地与高校在研究生导师立德树人教育工作中的总体目标相吻合，并且很难与研究生导师具体的工作职能相匹配，很可能与高校内部一些独特的工作情境相背离，使得评价结果不能很好地服务于研究生导师立德树人教育工作本身。同时，也会加大高校对于研究生导师立德树人评价工作的解释和运用难度，降低360度反馈法评价的最终效果。

针对以上情况，一些高校会选择自己编制360度反馈法评价问卷，高校的人力资源部门会针对本高校自身的具体情况，以及根据研究生导师立德树人教育工作具体的职责划分，而选出其中具有代表性的工作行为，编制评价问卷，对评价结果进行统计、处理和分析，并将最终形成的评价报告反馈给高校研究生导师管理部门和研究生导师，以帮助研究生导师提高立德树人教育工作的能力与质量。高校选用这种方式，对研究生导师立德树人教育工作的总体评价能更接近高校自身的具体实际情况，能满足高校对研究生导师立德树人教育工作的总体要求以及所设定的总体目标，并与高校自身文化和具体岗位的职责要求相匹配，使得最终的评价结果能够更好地服务于高校对研究生导师的管理以及研究生导师的立德树人教育工作。

与此同时，高校自行编制360度反馈法评价问卷的方式，对高校人力资源部门的要求也相对较高,需要人力资源部门对研究生导师立德树人教育工作有更加深入而全面的了解。在评价前期,人力资源部门需要花费一定的时间和精力对研究生导师立德树人教育工作情况进行全面熟悉和掌握,以编制出更加合理、全面且针对性强的评价问卷。因此,高校通过这种方式,也会相应地增加评价全过程的成本。

在实际工作中,越来越多的高校会选择一种折中的方式。即先从评价机构购买成熟的360度反馈法评价问卷,而后再由人力资源部门、评价主体、被评价者共同组成一个评价工作研讨小组,判断评价问卷中所包含的行为与本高校研究生导师立德树人教育工作岗位职责的关联程度,保留其中关联程度较高的行为,剔除关联程度低的行为,补充和完善没有涉及的一些行为,使评价问卷与高校实际情况更加吻合。采用这种综合性的方式,既能有效地降低评价过程整体的成本投入,也可以让评价的全流程更加符合高校研究生导师立德树人教育工作的实际情况,保证评价工作的全面性、实用性、可信度。

(三)评价主体

在进行360度反馈法评价时,通常会选取不同类型的多名评价主体参与评价工作。由于评价工作不可避免地会涉及主观因素,因此,在某种程度上,一定数量的评价主体可以有效地抵消这种主观因素所带来的评价的非客观性。但不可否认的是,评价信息收集范围的扩大并不能有效地保证所获取信息的公正性和准确性。通过匿名的方式进行评价可能会让评价结果更加真实,但所获取的评价信息也可能并非有效。

在360度反馈法评价的全过程中,有几个层面的问题值得探讨,其中涉及信息层面、情感层面和认知层面,这三个层面都可能影响最终评价结果的公正性和准确性。

1.信息层面

从信息层面来看,评价主体可能对研究生导师立德树人教育工作没有清晰、准确而全面的认识,不是十分清楚研究生导师的哪些行为是关键性的行为，或是最具代表性的行为，可能也并不能准确把握哪些行为最能够反映研究生导师立德树人教育工作的真实情况，甚至可能没有更多的时间和精力观察研究生导师在立德树人教育过程中真实的工作情况。由于不能全面而准确地掌握相关信息，或是对信息了解的范围和深度不够，最终会导致评价结果出现误差，偏离研究生导师具体工作的实际。

2. 情感层面

从情感层面来看，评价主体可能或多或少地存在对被评价者的歪曲评价。一些评价主体可能为了维护自身利益，在评价时，给自己较高的评价，给其他被评价者较低的评价，并且在对自己进行评价时，可能会把成功归因于自己的努力和能力，而把失败归咎于客观因素；而对其他被评价者进行评价时，可能选择把成功归因于客观因素，而把失败归咎于自身因素。在同一高校内部，评价主体与被评价者可能是同事、团队协作者，但也可能是竞争者，其中涉及各种利害关系，通常人们更多地会优先考虑自身利益，而将他人的利益排在后面。如果相关利益方的利害关系更深，则评价主体有可能会故意歪曲对被评价者的评价。例如，评价主体可能会给同自己关系更密切的被评价者以更高的评价，而给同自己关系不密切的被评价者以更低的评价。

3. 认知层面

从认知层面来看，对人的评价是一个复杂的过程，需要考虑诸多因素，评价主体应当对被评价者在各个时期的工作表现和工作成效都尽可能全面地掌握，掌握的内容不仅包括被评价者在各个时期所担任的职务、负责的主要工作，还有相应的工作成果等相关信息，只有将被评价者的历史表现和当下的表现进行综合性的考量，才能更立体地对被评价者有一个更客观全面的评价，不会出现过大的偏差。

而在实际评价工作中，评价主体可能会简化这项活动，更多地根据自身对被评价者的整体印象对其进行评价，而不是根据其具体的行为表现和历史表现来全面地对被评价者进行评价。

在研究生导师立德树人教育工作的评价中，要求各类不同的评价主体对研究生导师具体的工作有更多的了解和认识，以保证评价工作更趋近于客观、真实。虽然评价主体不可避免地会在评价过程中渗入一些个人主观内容，但仍可以通过各种方式，尽可能地降低评价过程中主观因素的影响。

从以上三个层面因素来看，为了避免在研究生导师立德树人教育工作评价中产生过大的误差，高校在进行相关评价工作时，可以前期对各类评价主体进行系统性的培训。首先，向评价主体介绍更多的与研究生导师相关的信息与内容，让评价主体更多地了解研究生导师在立德树人教育工作中的实际情况，以及在历史上及当下的各种具有代表性的工作行为，帮助评价主体更多地掌握和了解研究生导师的工作内容与职责划分。

对于评价主体的选择，应当侧重于选择对被评价者了解更多、接触更多，同时不会有更多评价偏见的人员。但实际情况可能是，评价主体与被评价者接触得越多，彼此间的关系越好，进而会更容易在评价工作中做出主观性的评价，导致评价结果产生误差。而不存在评价偏见的评价主体有可能与被评价者接触机会少，对其真实的工作和表现了解得不多，虽然在最终的评价中不会产生有偏见的评价，但可能难以保证评价工作的准确性和全面性。因此，在评价前，最好选择既与被评价者接触和了解得多，同时也不会有更多偏见的人员。但在实际操作中，高校可以根据自身具体情况平衡其中的利弊，进行选择。

另外，值得注意的一点是，在进行正式评价前，高校的管理部门可以先期组织评价主体进行一次模拟评价，并对模拟评价的结果进行大致分析，发现其中容易出现的共性问题，再组织评价主体进行一次集中培训，对所发现的问题着重提出，并指出应当如何避免此类问题的再次出现，或是指导评价主体在这类问题上应当以什么样的心态和客观性作出合理的评价。

（四）结果反馈

无论什么形式的评价，其评价结果都是极为重要的一环，在 360 度反馈法中，评价结果是否能发挥其应有的作用，对于实际工作是否有意义，取决于评价结果反馈的效果。评价结果的反馈应当是双向反馈。

一方面，评价结果应当反馈给评价主体，指出评价主体在进行评价时出现的共性或特殊的问题，以提醒评价主体在今后的评价工作中更加注意评价的准确性、客观性、真实性。

另一方面，评价结果应当反馈给被评价者，也就是研究生导师，以帮助研究生导师不断提高其在立德树人教育工作中的能力水平与业绩水平。当然，这两方面反馈，其中最为重要的就是为研究生导师的立德树人教育工作提供服务与指导，帮助研究生导师及时发现工作中存在的问题，方便其通过评价结果，从他人的视角中清楚地看到自身工作存在哪些问题和不足之处。

在评价完成后，高校管理部门、人力资源部门或是外部专家应当及时将评价结果提供给被评价者，最好通过面对面的方式与研究生导师沟通评价结果，帮助导师分析在立德树人教育工作中哪些方面做得比较好，哪些方面还有待于进一步改进以及通过什么样的方法进行改进。还可以将评价结果与研究生导师的自我评价进行对比分析，找出其中的差异性，帮助研究生导师分析差异存在的原因，解决在立德树人教育工作中自我认知方面的问题。例如，哪些问题自己认为是正确的，但在实际教育工作中得到的反馈和效果却与自我认知相反，评价可以有效地纠正这种存在的偏差。

当研究生导师对评价结果产生异议时，可以由专家通过个别谈话或是集体座谈的方式向评价主体进一步了解评价情况，而后再根据谈话或座谈的情况向研究生导师作出反馈。如果高校自身拥有一套良好的信息共享机制及健康运行的良性沟通氛围，则可以让研究生导师在专家的辅导下，彼此间针对评价结果进行自由而有效的沟通。

高校实施360度反馈法，是一项系统而复杂的工程，需要高校投入大量的人力、物力、财力，有可能花费较长的周期。其中必须得到高校管理层的支持，高校管理层最好能够公开承诺评价结果主要是服务于研究生导师立德树人教育工作，是为了提高立德树人教育工作的水平与质量，而不是服务于高校的行政管理需求，以此来获得研究生导师的信任、支持和配合。

高校在引进360度反馈法评价时，一般是由人力资源部门发起，并管理整个评价工作的执行和运作，同时，应当充分考虑到人力资源部门负责评价工作可能会给研究生导师带来的压迫感。研究生导师会担心最终的评价结果有可能会服务于高校的行政管理，以及高校管理者能否保证评价均为匿名。因此，在整个评价工作的运作中，应当选择评价主体和被评价者非常信任且对360度反馈法评价非常熟悉的人来从事这项工作；或是让评价主体和被评价者提名，由谁来担任整个评价工作的总负责人。如果高校内部找不到合适的人选，可以从外部聘请专家。需要注意的是，为了得到研究生导师以及评价主体的信任，高校应尽量聘请与高校有长期合作、已取得研究生导师认可和信任的专家作为评价工作的负责人。

二、模糊综合评价法

模糊综合评价法是建立在模糊数学理论基础上的综合评价方法，是根据模糊数学的隶属度理论把定性评价转化为定量评价，即用模糊数学对受到多种因素制约的事物或对象作出一个总体的评价。这一评价法可以得到清晰的结果，并且具有较强的系统性，能够很好地解决模糊的、难以量化的问题，适合各种非确定性问题的解决。

（一）模糊综合评价法的术语定义

第一，评价因素（F），是指评议的具体内容。

为便于权重分配和评议，可以按评价因素的属性将评价因素分成若干类，把每一类都视为单一评价因素，并称之为第一级评价因素（F_1）。第一级评价因素可以设置下属的第二级评价因素（F_2），第二级评价因素可以设置下属的第三级评价因素（F_3），以此类推。

第二，评价因素值（F_v），是指评价因素的具体值。

第三，评价值（E），是指评价因素的优劣程度。评价因素最优的评价值为 1（采用百分制时为 100 分）；欠优的评价因素，依据欠优的程度，其评价值大于或等于零、小于或等于 1（采用百分制时为 100 分），即 $0 \leqslant E \leqslant 1$（采用百分制时 $0 \leqslant E \leqslant 100$）。

第四，平均评价值（E_p），是指评价主体对某评价因素评价的平均值。

平均评价值（E_p）= 全体评价主体的评价值之和 / 评价主体数。

第五，权重（W），是指评价因素的地位和重要程度。

第一级评价因素的权重之和为 1；每一个评价因素的下一级评价因素的权重之和为 1。

第六，加权平均评价值（E_{pw}），是指加权后的平均评价值。

加权平均评价值（E_{pw}）= 平均评价值（E_p）× 权重（W）。

第七，综合评价值（E_z），是指同一级评价因素的加权平均评价值（E_{pw}）之和。综合评价值也是对应的上一级评价。

（二）模糊综合评价法的特点

1. 相互比较

在模糊综合评价中，各个评价因素之间属于相互比较的关系，以最优的评价因素值为基准，规定其评价值为 1；其余在最优评价因素水平以下的评价因素，依据其与最优评价因素相差的程度得到相应的评价值。

2. 函数关系

各类评价因素具有不同的特征，因此，确定其评价值与评价因素之间的函数关系时，会产生不同的函数关系，即隶属度函数。确定这种函数关系可以通过诸多方法，如 F 统计方法，统计各种类型的 F 分布等。

还有一种简便的方法是聘请有相关经验的专家进行评价，直接给出评价值。如果高校内部有懂处理和分析相关函数的人员，则可以节省这部分开支。

（三）模糊综合评价法的应用程序

1. 评价因素

（1）第一级评价因素可以设为立德树人过程和立德树人成效。

（2）依据第一级评价因素的具体情况，如需要，设定下属的第二级评价因素。

①第一级评价因素有的可以不设置下属的第二级评价因素，如有需要，也可进行设置。

②第一级评价因素"立德树人过程"的下属第二级评价因素可以设置为导师教学过程、导师科研过程等。

③第一级评价因素"技术"通常需要设置下属的第二级评价因素，其内容视项目具体情况而定。

（3）依据第二级评价因素的具体情况，如有需要，还可设定下属的第三级评价因素。

2. 权重分配

（1）第一级评价因素的权重之和为1。

（2）各级各个评价因素下属的下一级评价因素的权重之和为1。

（3）当没有说明评价因素的权重分配时，实际上是具有相同的权重。

（4）设置权重时可供参考的几点建议如下。

如果知道主要评价因素之外的评价因素值都差不多时，可以适当提高主要评价因素的权重；反之，则适当降低。一般情况下，只要设置第一级评价因素的权重就可以了；第二级和第三级评价因素可以不另设权重，即权重相同。

135

（四）模糊综合评价法的应用意义

模糊综合评价法是模糊数学中基本的数学方法之一，此方法以隶属度来对模糊界限进行描述。

在评价工作中，存在诸多常见的问题：评价因素有着较大的复杂性，被评价者具有层次性，评价标准中存在模糊性，同时，评价影响因素中也存在模糊性或不确定性，另外，定性指标很难进行量化。人们难以通过二元方法对客观事物进行准确的描述，多数情况下，存在"亦此亦彼"的模糊现象，在描述时更多的是用自然语言，这也表现出描述的模糊性，而这种模糊性难以通过数学模型对其进行量度，无法将这些因素统一为一个整体进行分析和评价。因此，建立在模糊集合上的模糊综合评价方法，可以通过多个指标对被评价者隶属等级状况进行综合性评价，对被评价者的变化范围做出清晰的划分。一方面，这一评价方法能够考虑被评价者的层次情况，使得评价标准和影响因素的模糊性能够充分体现出来；另一方面，在评价过程中，可以充分发挥人的经验作用，使评价结果更客观，更符合具体实际情况。模糊综合评价法可以将定性与定量相结合，从而扩大评价过程的信息量，提高评价数值，以及评价结果的可信度和准确性。

传统的综合评价方法有很多种，应用范围也更加广泛，但没有一种方法能够满足各种场合的要求，解决所有现实中的问题。

三、平衡计分卡方法

平衡计分法即平衡计分卡方法，是绩效管理中的一种新思路，适用于对部门的团队考核。

平衡计分卡是1992年由哈佛大学商学院教授罗伯特·S.卡普兰和复兴国际方案总裁戴维·P.诺顿设计的，是一种全方位的，包括财务指标和非财务指标相结合的策略性评价指标体系。平衡计分法最突出的特点是：将企业的远景、使命和发展战略与企业的业绩评价系统联系起来，它把企业的使命和战略转变为具体的目标和评测指标，以实现战略和绩效的有机结合。

自平衡计分卡方法提出之后，其对企业全方位的考核及关注企业长远发展的观念受到学术界与企业界的充分重视，许多企业尝试引入平衡计分卡作为企业管理的工具。加特纳集团的调查表明，截至2000年，在《财富》杂志公布的世界排名前1000位的公司中有40%的公司采用了平衡计分卡系统。

（一）平衡计分卡指标体系

财务：净资产收益率、总资产周转率、资本增值率。

顾客：顾客满意率、合同准时率、优质项目率、投诉降低率。

内部经营过程：技术、生产效率、设备利用率、学习与创新（产品、服务的创新与员工能力提高）、员工满意度、员工保持率、创新数目、合理化建议数。

综合评价：将每一项指标的实际值与目标值相比较，得到个体指数，加权平均后，算出综合指数。

（二）平衡计分卡的原理

在信息时代，传统的绩效管理方法有待改进，组织必须通过在客户、供应商、员工、内部业务流程、技术革新等方面的投资，获得持续发展的动力。基于这样的认识，平衡计分卡方法认为，组织应从财务、客户、内部经营、学习与成长四个角度审视自身业绩。

1. 财务

公司财务性绩效指标能够综合地反映公司业绩，可以直接体现股东的利益，因此财务指标一直被广泛地用于对公司的业绩进行控制和评价，并在平衡计分卡方法中予以保留。常用的财务性绩效指标主要有利润和投资回报率。

2.客户

顾客是上帝，以顾客为核心的思想应该在企业业绩的考核中有所体现，即强调"顾客造就企业"。平衡计分卡方法中客户方面的指标主要有客户满意程度、客户保持程度、新客户的获得、客户获利能力和市场份额等。

3.内部经营

公司财务业绩的实现、客户各种需求的满足和股东价值的追求，都需要靠企业内部的良好经营来支持。内部经营过程又可细分为创新、生产经营和售后服务三个具体环节。

（1）创新环节。公司创新主要表现为确立和开拓新市场，发现和培育新客户，开发和创造新产品与服务以及创立新的生产工艺技术和经营管理方法等。永无止境的创新是保证企业在激烈的市场竞争中制胜的法宝。平衡计分卡方法中用来衡量创新能力的指标大致有新产品开发所用的时间、新产品销售收入占总收入的比例、损益平衡时间、一次设计就能完全达到客户对产品性能要求的产品百分比、设计交付生产前需要修改的次数等。

（2）生产经营环节。生产经营，是指从接受客户订单到把现有产品和服务生产出来并提供给客户的过程。实现优质经营是这一过程的重要目标，评价其业绩的指标主要有时间、质量和成本，可以进一步细分为产品生产时间、经营周转时间、产品质量、服务质量、产品成本和服务成本等指标。

（3）售后服务环节。售后服务，是指在售出和支付产品、服务之后，给客户提供的服务活动过程。它包括提供保证书、修理、退货和换货以及支付手段的管理（如信用证的管理）等。

上述内部经营过程可以使经营单位了解到，在目标市场中如何吸引和保持客户所需的价值观念和满足股票持有者对更好的财务收益的期望。

4. 学习与成长

企业的学习和成长主要依赖三个方面的资源，即人员、信息系统和企业流程。前述的财务、客户和内部经营目标通常显示出企业现有的人员、信息系统、流程能力与企业实现其期望业绩目标所需能力之间的差距，为了弥补这些差距，企业需要投资于员工培训、信息系统改进与提升以及企业流程优化。从本质上来看，企业的学习与成长是基于员工的学习与成长，因而可以考虑采用员工培训支出、员工满意程度、员工的稳定性、员工的生产率等评价指标。

平衡计分卡的四个方面既包含结果指标，也包含促成这些结果的先导性指标，并且这些指标之间存在因果关系。平衡计分卡的设计者认为，企业的一项战略就是关于因果的一系列设想，企业所采用的成功的绩效评价应当明确规定各个不同方面的目标和衡量方法之间的逻辑关系，从而便于管理它们和证明其合理性。

由于平衡计分卡的构成要素选择和评价过程设计都考虑了上述的因果逻辑关系链，所以它的四个评价维度是相互依赖、支持和平衡的，能够形成一个有机统一的企业战略保障和绩效评价体系。

（三）平衡计分卡的特点

平衡计分卡的特点主要体现在它的平衡性，其目的在于确保企业的均衡发展。

1. 财务指标和非财务指标之间的平衡

企业一般考核的是财务指标，而对非财务指标（客户、内部经营、学习与成长）的考核很少，即使有对非财务指标的考核，也多是定性的说明，缺乏量化和系统性的考核，而平衡计分卡是从四个维度全面地考察企业，实现了绩效考核过程中财务指标与非财务指标之间的平衡。

2. 企业长期战略目标和短期经营目标之间的平衡

平衡计分卡从企业的战略开始，也就是从企业的长期目标开始，逐步分解到企业的短期经营目标。在关注企业长期发展的同时，平衡计分卡也关注了企业目标的完成，使企业的战略规划和年度计划很好地结合起来，解决了企业战略规划可操作性差的缺点，实现了战略目标与经营目标之间的平衡。

3.企业外部和企业内部之间的平衡

在平衡计分卡法中，股东与客户为外部群体，员工和内部业务流程是内部群体。平衡计分卡认识到在有效实施战略的过程中非常有必要平衡这些群体之间可能发生的利益冲突。

4.领先指标与滞后指标之间的平衡

财务、客户、内部流程、学习与成长这四个方面包含了领先指标和滞后指标。财务指标是滞后指标，它只能反映公司上一年度的财务情况，不能指导企业如何改善业绩。平衡计分卡对于领先指标（客户、内部经营、学习与成长）的关注，使得企业更加重视过程，而不仅仅是结果，从而达到了领先指标与滞后指标之间的平衡。

（四）平衡计分卡法适用范围

平衡计分卡法不仅在私人部门绩效管理中得到了广泛应用，而且能更好地适应公共组织在环境、目标、过程和其他产出等方面的多元性和复杂性要求。对于研究生导师立德树人评价工作来说，也可选用平衡计分卡法。导师立德树人评价工作也是一个包含多元性和复杂性要素的工作，这种方法能够将两个不太相关的事项进行有效的平衡，能够兼顾更多评价工作所涉及的因素。

四、层次分析法

层次分析法（AHP），意指将与决策相关的元素，拆解为目标、准则、方案等层次，并在此基础上进行定性和定量分析的一种方法。层次分析法指将一个复杂的多目标决策问题作为一个系统，将一个重要目标拆分为多个目标或准则，进而分解为多指标或准则，而后通过定性指标模糊量化方法算出层次单排序或总排序，并以此作为多指标、多方案优化决策的系统方法。

层次分析法是将决策问题按总目标、各层子目标、评价准则的顺序分解为不同的层次结构，而后通过求解结果判断矩阵特征向量的方法，得出每一层级中各个元素对上一层级某一元素的优先权重，最后用加权的方法递阶归并各备选方案对总体目标的最终权重，权重最大一项即为最优方案。

层次分析法更适合于具有分层交错评价指标的目标系统，以及目标值难以通过定量的方式进行描述的决策问题。

（一）层次分析法基本原理

层次分析法根据评价问题的性质和期望要达到的总体目标，将想要评价的内容拆解为不同的组成因素，并根据各个因素间的相互关系以及从属关系，将因素按不同层次进行组合，构成一个多层次的分析结构模型，最终将评价的关键内容归为最底层的因素相对于最高层总体目标的相对重要权值，按优劣次序进行排序。

（二）层次分析法研究方法

在研究生导师立德树人教育工作评价过程中，根据层次分析法的基本思想和定性研究的结论，研究生导师立德树人评价应为目标层，研究生导师政治素质等十个方面应为准则层，而方案层应当根据准则层的具体指标，划分为若干个具体的小指标，如表5-1所示。

表5-1 研究生导师立德树人评价指标划分

目标层	准则层	方案层	方案层指标说明
研究生导师立德树人评价	研究生导师政治素质（A1）	政治学习（B1）	坚持正确的政治方向，定期进行思想政治学习，参加党日活动
		教育政策（B2）	严格落实国家教育政策，按时参加校、院的教学政策培训
		政治责任感（B3）	保持高度政治责任感，将思想政治教育与专业教育有机融合
	研究生导师师风师德（A2）	职业道德规范（B4）	严格遵守教师职业道德规范，积极参加学校组织的各类岗前教育和职业道德教育活动
		学术道德规范（B5）	严格遵守学术道德规范
		选材规范（B6）	选材科学规范，公平公正招生录取
		工作态度（B7）	把握研究生教育规律，保证指导研究生的时间和精力
	研究生导师业务素质（A3）	科研能力（B8）	关注学科前沿动态，完成校、院科研项目指标
		授课能力（B9）	课程建设紧跟前沿信息，创新教学模式，丰富教学手段，遵守课程讲授、考评制度，重视育人工作
		实践视野（B10）	拓宽社会实践视野，实践与理论有效结合
	研究生思想政治素质（A4）	政治学习（B11）	积极组织党小组讨论，鼓励并支持研究生参加党校学习，向党组织靠拢
		思想动态（B12）	及时了解和掌握研究生思想政治情况和动向
		思想境界（B13）	鼓励研究生将个人发展同社会发展相结合

续 表

目标层	准则层	方案层	方案层指标说明
研究生导师立德树人评价	研究生学术创新能力（A5）	掌握研究方法（B14）	关注研究生对研究方法和研究工具的掌握
		跟进研究前沿（B15）	指导研究生紧跟学术前沿信息，明晰自身科研方向
		研究进展（B16）	掌握研究生学术科研进展，每月至少安排4次学术研讨会
		参与科研课题（B17）	鼓励研究生参加科研课题项目
		学位论文（B18）	投入最大精力全程指导研究生学位论文的写作
	研究生实践创新能力（A6）	学术实践（B19）	鼓励研究生积极参与各类学术会议及学术竞赛
		专业实习（B20）	鼓励并支持研究生参与各类专业实践
		实践基础（B21）	为研究生参与校内和校外实践活动提供知识、方法和经费等支持
		实践成果（B22）	指导并支持研究生将科研成果进行应用转化
	研究生社会责任感（A7）	社会志愿服务（B23）	鼓励并支持研究生参加诸如助学、义工、扶贫等社会志愿服务
		深入社会和基层（B24）	支持研究生广泛走入社会，深入基层
		就业观念（B25）	引导研究生树立正确的就业观，调整就业心态
	研究生学术道德规范（A8）	学术道德教育（B26）	定期对研究生开展学术道德规范教育，杜绝学术不端行为
		学术诚信审核（B27）	对研究生的科研成果、学位论文亲自审核，杜绝各种形式的抄袭、数据造假等不诚信行为
		知识产权意识（B28）	教导研究生尊重他人研究成果，培养知识产权意识
		科研态度（B29）	强化对论文投稿、合作论文署名和排名等重要问题的教育，引导研究生正确对待学术科研成果

续 表

目标层	准则层	方案层	方案层指标说明
研究生导师立德树人评价	研究生培养条件（A9）	师生比（B30）	每一届研究生的招收数量合理
		培养方案（B31）	针对研究生不同的特点，制定对应的个性化培养方案
		学术条件支持（B32）	鼓励并支持研究生参加学术报告会和学术年会
		生活支持（B33）	支持研究生担任助教、助研、助管等工作，根据实际情况，在科研经费中划拨相应经费资助研究生的科研和生活
	研究生人文关怀（A10）	沟通机制（B34）	建立并不断完善线上线下沟通交流机制，时时关注研究生心理压力和思想动态
		学业压力（B35）	及时关注研究生学术压力，并营造舒适良好的学习环境
		就业压力（B36）	及时关注研究生就业压力，引导研究生做好职业生涯规划
		不在校研究生情况（B37）	关注校外实习研究生的学习和生活，定期与其保持有效沟通，及时掌握其基本情况
		就业薪酬水平（B38）	关注应届毕业研究生当年就业薪酬的平均水平及毕业三年后的整体平均薪酬水平

（三）层次分析法注意事项

在对研究生导师立德树人评价过程中运用层次分析法时，如果选择的要素不合理，或是其含义没有表述清晰，抑或要素之间没有明确的关系，都会不同程度地降低层次分析法的评价质量，严重的话，甚至会造成层次分析法的最终评价失败。为有效确保递阶层次结构的合理性，需要注意以下两个方面的原则。

第一，在对问题进行拆解时，要把握主要因素，并以主要因素为核心，不宜遗漏，也不宜重复多余。所拆解的因素的数量和标准应在合理范围内，目标是要保证研究生导师立德树人教育评价工作的全面性、系统性、合理性、有效性、可操作性和简便性。

第二，要注意比较因素间的强弱关系，如果强弱关系相差过大时，则不应将这两个因素置于同一层次进行比较。出现这种情况很大程度上是由于没有从根本上厘清两个因素间的从属关系，在对因素进行层次划分时，从本质上没有真正理解因素在层次分析法中所发挥的作用。

（四）层次分析法优缺点

1. 层次分析法的优点

（1）系统性的分析方法。层次分析法把评价对象作为一个系统，根据拆解、比较、综合的思维方式进行评价，它也是在统计分析、机理分析之后快速发展起来的系统分析的一个重要工具。系统分析的思想不会将各个因素对结果的影响进行分割，而层次分析法中每一层次的权重设置最终都会或直接或间接地影响到最后的结果，并且每一层次中的各个因素对结果的影响程度都可以进行量化，有着清晰的指导性。层次分析法最适用于对没有结构特性的系统进行评价，或是对于跨越多个时期、具有多个准则、拥有多个目标等的系统进行评价。

（2）简便实用的决策方法。这种方法没有高深的数学运算，也不会片面地只侧重于行为、逻辑、推理等单一方面，而是将定性与定量方法进行有机结合，将原本复杂的系统进行拆解，把人们的思维过程数字化、系统化，用更通俗易懂的方式，让人更容易接受。

（3）定量数据所需信息较少。层次分析法主要以评价者对评价问题最终的本质及要素的认识为基础进行评价，相较于通常的定量方法，层次分析法更追求定性的判断和分析。层次分析法主要模拟人们在决策时的一种思维方法，让大脑处理和判断各个要素相对重要性的步骤，但只利用大脑对各个要素的印象，并将其转化为简单的权重计算。这种方法能够解决大量的通过传统最优化技术无法解决的现实问题。

层次分析法无须大量的定量数据，这也就使其对各要素的判断更具有全面性，而不专注于局部，更侧重于整体的处理方式，让这种方法更具有逻辑性。但定量数据所占比重较少也会或多或少影响评价结果的准确性。

2.层次分析法的缺点

（1）不能为决策提供可供参考的新方案。层次分析法是从诸多备选的方案中选出最优方案。但需要注意的是，在使用层次分析法时，可能会有这种情况出现：由于一些方式不恰当或是自身能力不足，会造成虽然通过层次分析法从众多方案中选出了一个最优方案，但其方案仍不能保证是最佳方案。

一种更为完善的结果是，如果一种方法能够从诸多解决方案中选出最佳方案，同时能指出其他方案的不足之处，或是能够提出这些不足方案改进的方法，则可以认为这一方法更为完善，有更强的实用性。但很明显，层次分析法不能做到这一点，层次分析法只能挑选出其认为的最佳方案，而不负责告知其他欠佳的方案的不足之处，自然也就无法为决策者或是管理者提供新的可供参考的方案。

（2）定量数据少于定性数据，可信度低。如今对于科学方法的认知中，通常都认为每一个严谨而科学的方法都需要数学论证或是有着相当完整而系统的定量方法。如若没有数学论证的参与，一种方法的合理性或是可信度将大大降低。而层次分析法模拟人类大脑进行决策的思维方式，就是将各种不能用数字或数据来表示的信息进行处理，最终作出定性式的结果。

现实中大部分的问题，其定量数据少于定性数据，无法用准确的数字或是数据进行描述，这时只能对其定性处理，而定性处理就自然导致所得到的结果只局限在仅有的几类定性范围内，其所归属的范围扩大，自由浮动的范围也会随之扩大。因此，也就进一步造成所得结果的可信度下降。

（3）当指标过多时，统计量大且权重难确定。当在处理一些现实中的问题时，可能会面临指标的选取数量随之增加的情况。这时指标的增加就会大大增加其权重的计算量。指标一旦过多，指标间的相互关系和分类情况就会随之变得相对复杂，容易出现分类分层不准确，在衡量指标间的重要程度时也容易出现混乱情况。甚至在对指标进行排序时，往往也会因为存在大量指标，而更容易出现错误，对于层次的单排序及总排序来说，也就很难保证其一致性。而后对层次排序一致性进行检验也会产生相应问题，在对其调整时，大量指标的实际情况也存在诸多棘手的问题。数量庞大的计算量和排序所要求的严谨性与科学性，让指标的处理与分析面临着诸多挑战。

（4）特征值和特征向量精确算法较复杂。在求特征值和特征向量时，所选用的方法与进行多元统计的方法相同。在二阶、三阶这样低阶的运算中，还能够用较为简单的方法进行运算，但一旦阶数提高，则需要更为复杂的方法对其进行求解，相应的计算上也会越来越复杂，在更为复杂的运算中，也就更容易出现各种错误。但这一点不足可以通过和法、幂法、根法这三种近似的方法予以解决，尽可能使计算无限靠近真实的结果。这三种方法都是更为实用的方法，将复杂问题尽可能进行简单化处理，在现有的方法和条件下，通过一个近似的结果解决复杂的问题。

第六章 研究生导师立德树人评价模型

第一节　模型构建理论

一、理论基础

（一）发展性教师评价理论

发展性教师评价理论是在现代教育评价的最新研究成果基础上发展起来的创新式教师评价理论，其对应于奖惩性教师评价理论。发展性教师评价最为关注的是人本身，评价的目的是要提高和完善评价对象的行为。发展性教师评价在落地实施时，主要侧重于这一评价体系的激励功能和对教师各项能力的发展功能。在实际操作中，主要关注教师自身素质与教学能力方面，筛选并确定其中的具体内容和评价标准，对评价工具的具体设计与开发等方面进行深入的研究。每一条可以反映教师教学情况和素质能力的数据和信息，都应当对其进行仔细收集和分析；对于教师在各项素质与能力方面的发展和改进情况，都应当作为重点内容，最终制订出符合实际需要的教师成长与发展的有效改进计划和方案。

1. 发展性教师评价的理念和特点

发展性教师评价理论，主要目的在于促进并帮助教师在教学工作中不断提升自身能力，围绕评价目标，关注评价的过程，将评价结果及时反馈给教师和相关评价主体，以促进教师在教学过程中能力的不断提升，也可看作一种形成性评价。这一评价方法主张在自由宽松的环境中，激发教师自身能动性，以促进教师教学工作的开展，从而最大限度地体现教师自身价值，实现教师自身发展目标。其不同于奖惩性教师评价，不过多注重结果，而是以评价结果促进教师发展，以给予教师在教学工作中的自信为主要目的。

发展性教师评价的具体特点有以下十个方面。

（1）高校管理层注重教师的未来发展。高校不仅关心教师当下在教学方面的成绩，而且把更大的精力放到教师未来的成长空间，看重教师自身发展，以及由此为高校带来的发展。

（2）更加强调教师评价的准确性和真实性。不以结果为主要评价目的的评价方式，不仅让评价主体没有过多心理负担，而且让教师放下更多顾虑。评价过程在一个轻松的氛围中进行，因此，评价的相关信息能够更加真实，准确性也相应较高。评价过程的各参与方不用过多考虑利害得失问题，最终得到的评价结果也更具有价值与意义。

（3）更注重教师的自身价值，特别是其专业价值、个人价值、伦理价值等方面，更加关注教师自身的发展与成长。这一评价方式侧重于服务教师，旨在提升教师的各方面能力和价值。

（4）发展性评价通过同事间相互评价，以获取评价信息和内容。同事间对彼此的素质能力和教学水平有更深的了解和认识，相对于其他人来说，同事间接触和交流的时间更多，对同事进行评价，可以得到更为全面而深入的评价信息，评价也更有实用价值与意义。

（5）由评价主体与教师进行结对，以促进教师教学工作更好发展。评价主体可以从另一个侧面对教师日常教学工作提出个人的观点与看法，相对于教师本人来说更为客观。因此，评价主体的一些看法与建议，对于教师教学工作的开展，更具指导意义。

（6）能够调动全体教师的积极性。由于发展性评价服务于教师教学工作，旨在促进其教学工作不断完善与发展，因此，这一评价方法能够最大限度地调动教师的教学积极性，让教师的水平与能力在一个自由宽松的环境中得到更大程度的释放。

（7）提高全体教师的参与意识。由于发展性教师评价工作是真正服务于教师教学工作，因此每一名教师都期望从中得到更大的提升。在发展性教师评价工作中，教师没有更多的竞争关系，均是相对于个人，追求个人的不断进步和发展。

（8）扩大彼此间沟通交流的渠道。教师间的相互评价能够增加彼此间的沟通交流机会，在持续、广泛的交流与沟通中，教师间的关系也更融洽，高校整体的教学氛围也会得到很大程度的提升。

（9）评价主体和教师共同参与评价计划的制订，并且双方共同承担着实现发展的目标。发展性教师评价的全过程都有评价主体和教师的参与，因而所制订的评价计划更贴近高校自身的实际情况，同时与教师的实际工作内容相吻合。所以，最终评价结果就更有针对性，对于教师来说，也更具有实际的指导意义。

（10）发展性教师评价更加注重教师的个人发展，因此，其更注重教师教学工作的长期发展，不过多关注当下教师教学工作的开展，让高校管理层和教师能够把更多精力与时间投入教学工作未来的发展中，使教学工作质量与水平的提升更高效。

从以上十个方面可以看出，发展性教师评价在评价的整体过程中，立足于当下教师的教学工作，兼顾教师过往的教学情况，但更注重教师未来的发展方向。在关注教师现实表现的同时，对其未来发展更为关注，其最终目的在于促进教师未来的成长与发展。

发展性教师评价更加注重教师自身主体意识与创造性的发挥，要求评价主体对教师的过去和现在做全面而详细的了解，再根据教师过去已有的表现和现实中的教学情况，关注其未来发展的可能性。评价主体和教师可以共同探讨并制定未来的发展目标，为教学工作创建一切可能的条件，帮助教师更高质量和高效率地达成未来的发展目标。

发展性教师评价以发展性为最终目的，是一种基于目标，侧重于评价过程，注重评价及时反馈，促进教师教学水平和能力提升的一种形成性的评价方法。其更加注重评价环境的宽松与自由，结果只是评价过程中不过分看重的部分，目的在于促使教师自发地、主动地发展个人教学能力，进而实现教师个人的目标和个人价值。

发展性评价能够促进教师及评价主体更广泛地参与其中，最大限度地发挥各个参与方的积极性，是一种以教师教学能力与水平发展为核心的评价理念。另外，其评价目标与评价计划均需评价主体与教师共同协调制订，以让评价工作更具有针对性，评价效果更具有实用性，对于教师教学水平和能力的提升也更具有指导意义。

发展性教师评价工作，更为重视通过多种渠道、多种方式进行交流与互动，可以进行同行间的评价，也可以由教师自主选择评价主体。评价的过程更多体现出评价的自由性与开放性，其能促使教师教学工作及发展性教师评价工作具有更大的发展性。从中能或多或少地看出，发展性教师评价自身便带有发展性、自由性、开放性的特点，对于未来不确定性的内容和项目，或是难以通过量化来衡量的项目和事项，都比较适用。

发展性教师评价中也体现出管理理论与心理学理论的运用，其关注到教师在组织中的价值，用以人为核心的评价理念把人这一主体的最大价值予以充分体现和发挥。每个人都希望自主掌控未来的发展方向和对未来发展的规划，大多数人希望能在自我发展过程中有自己的想法，可以按自己的思路发展。发展性教师评价的方法迎合了个人发展的关键诉求，并以其为核心，在评价过程的各个流程和环节都以此为中心，因此，更能调动教师和评价主体的参与积极性，所收获的效果也更为突出。教师个人的价值能够得到最大限度的发挥，自身教学水平和能力不断提升，相应地，高校的教育工作也会在很大程度上得以有效提升，教师个人的发展在这个层面上与高校教育工作的开展保持同步，教师的个人价值与高校的价值同时得到有效提升。

2. 发展性教师评价的意义

在高校中实施发展性教师评价工作，具有重要的理论与实践意义。发展性教师评价是促进教师教学工作的开展与高校整体教学质量与水平发展的有效途径，二者可以有效地统一并融合。高校教育工作质量和水平的提升与发展离不开每一名教师的付出和努力。教师能够将个人发展的目标同高校整体教育工作的开展相统一、相协调，对教师个人及高校教育工作整体的发展，都有着极其重要的现实意义与长远发展价值。教育改革与发展成功与否需要高校的大力支持，同时更需要每名教师自身的不懈努力。发展性教师评价注重教师教学工作未来的发展，因此，能够将教师个人的发展与高校教育工作的提高和发展统一到一个发展维度，二者可以有效地相互促进。

教师是高校教育工作发展的核心要素。教师的个人情况存在多样性，都有着不同的需求：生理、安全、爱与关怀、自我实现、尊重等。在这些需求中，自我实现的需求和被尊重的需求，对于教师来说是最为重要的两个方面。满足自我实现和被尊重的需求，要有强大而持久的原生动力。教师对于被尊重方面的需求主要表现在自信心、自尊心，对知识、能力、成就、名誉、地位等的追求，渴望得到组织或他人的认可。而自我实现的需求，主要表现在希望在自己所从事的工作中实现自己的想法、观点、意志，在所做的工作中充分展现出个人的性格、情感、能力、兴趣等，实现自己的理想，并在创新和发展中得到不断的提升。简单来说，教师最渴望的是在教学工作中充分实现自己的个人价值，并能得到外界的认可。

从现实的教育与教学的工作实践中可以看出，高校的需要与教师的需要如果能够有机地统一到一个维度上，如高校能够满足教师被尊重的需要以及个人价值的自我实现，则教师将有更大的动力与积极性进行教学工作，个人的价值与能力会进一步提升。同时，高校整体的教育工作也会得到相应的提升，最终形成一个积极的正向循环。当教师在教学工作中更有积极性，始终保有良好的心态时，其对于日常工作和生活中的一切微不足道的琐碎事就都能保持一颗平常心，能够将自己的注意力集中于教学工作中，自动屏蔽一切于自己而言无关紧要的事情。因而，教师能够表现出对他人或事物更加宽容的态度，对他人和环境表现出更加友好的状态，进而，教师所处的环境也更加和谐与融洽。教师的这些表现也正是核心素养所要求的主要内容。具备这些核心素养的教师，不仅能提升自身的素质水平，更有助于对学生进行素质能力的培养，有利于教学水平的高质量发展。

作为发展性教师评价的关键性要素，教师对于高校来说是一种独特的需要。对于教师来说，也存在一些亟须平衡和解决的现实问题，教师既要满足高校对于教育工作的高质量要求，也要满足自身发展、个人价值实现的需要，更要将个人发展同高校的整体发展相契合。发展性教师评价可以有效解决其中存在的现实问题与挑战，能够有效地平衡其中难以调和的关系与利益，可以更充分地将教师的个人能力发展同高校的整体教学水平的提升融合起来，不断推动高校教育的发展，在这样的环境与氛围中，教师的个人能力与价值也会大幅提高，以最终实现高校与教师二者的发展目标。

发展性教育评价，剔除了奖惩性教师评价中只关注评价结果的不适宜的评价要素，能够将教师的个人需要与高校发展的需要进行有效结合，侧重于教师与高校二者之间的差异性，并且这种差异性可以通过共同协调和探讨进行平衡，直至找到双方满意的、能够共同发展的解决方案，使教师能够在一个自由、宽松、舒适的环境中开展教学工作，高校也能够在其中收获教育工作的发展成果。

发展性教师评价通过采用各种形式的奖励，调动教师教学工作的积极性，在很大程度上认可了教师的个人价值，尊重了教师在教学工作中的成就，从社会、现实、心理等方面激发了教师的工作热情与积极性。教师在更积极的工作状态下，能够更有效地提升教学工作的质量与水平，从更全面、更系统的方面提升教育教学工作的质量。

发展性教师评价，将民主与法治进行有效的统一，最大限度地满足了教师渴望获得评价信息的需要。教师有充分且自由的权利对于评价工作提出自己的想法与观点，评价工作可以融合教师的意愿，并且教师的想法与意愿能够在评价工作中得到最大限度的尊重。考虑到自身的发展，教师也有义务积极参与评价工作，与其他各方通过各自的努力，最终达成发展目标，评价的过程也就成为不断缩小个人需要与高校需要之间差距的过程。

发展性教师评价，在实现个人发展目标与高校发展目标的同时，更加促进了高校管理者与教师间、教师与教师间、教师与学生间等各种关系的融洽程度，有效地减少了高校内部的消耗，有利于教师利益与高校利益的最大化融合。发展性教师评价最大限度地消除了教师与高校关系中的不协调因素，无论是教师自身的发展，还是其现实需求的满足，都能够与高校的整体发展目标以及长远发展相适应。

在发展性教师评价中能够清晰地看到，高校总体的发展目标和需要的实现，不仅需要高校自身强有力的组织能力，更需要教师自发的动力和工作热情，教师个人的努力与付出最终会汇聚为教师队伍整体的努力与工作积极性，这种正向的工作状态会不断推进教师教学工作和高校教育工作向更高的层次推进。

3. 发展性教师评价的基本原则和思路

发展性教师评价原则是人们在对发展性教师评价工作规律性认识的基础上得出的对发展性教师评价工作的基本要求，这也是发展性教师评价工作所要遵循的根本准则。发展性教师评价的原则包括科学性、客观性、教育性、民主性、导向性、改进性、量质性等，除此之外，还包括以下四个独特的原则。

（1）发展性原则。发展性教师评价的发展性原则，将根本立足点放在教师未来的发展方向上，而不只是关注教师当下的教学工作表现以及评价的最终结果，对于一些现实性问题，诸如升降级、加减薪、续解聘等奖惩性方面的内容，发展性教师评价不会将其作为评判的重点，而是将教师在教学工作评价中的结果与奖惩结果进行区分，以促进教师和高校的长远发展。

（2）三全原则。三全原则即全员、全程、全面进行评价。全员评价指被评价的对象为全体教师，而不只是针对一小部分优秀或是不称职的教师，其中也体现出公平性，换句话说，高校的管理层及全体教职工都要接受评价。全程评价指基于动态的、发展的视角，对教师的教学工作全过程的每一个细节都进行长期性的、反复性的、系统性的评价，让教师教学工作从各个方面都能够得到提升。

（3）保密性原则。发展性教师评价能发挥其应有的作用，在于教师的积极参与以及将自己的想法与经验提供出来，便于进行评价。因此，也就需要对教师所提供的这些信息与内容给予特殊的保护。只有在保密的前提下，评价才能获得教师最为真实的想法，评价工作才能收到实际效果。教师教学工作的评价材料应当作为教师个人隐私的重要资料，应当严格禁止与此不相关的个人或组织随意接触文件。

（4）双向性原则。发展性教师评价极为重视评价主体间的各种关系，重视其彼此间的互动与沟通，如领导与教师、教师间、师生间、高校内外间等关系的沟通，同时鼓励学生家长、全体师生以及与评价工作相关的各方都成为教师教学工作的参与者，都能作为评价主体，为教师教学评价工作提供更多维度的评价信息。发展性教师评价最终将要达到三个层次的双向发展目标，即教师自身与高校整体、少数教师与全体教师、现实情况与未来长远发展的目标。

（二）内隐认知理论

内隐学习和外显学习是人类学习的两种重要的方式。内隐认知的范畴包括内隐思维、内隐记忆和内隐学习。内隐思维意指不需要注意力参与的思维，即个体在进行思考时，不是刻意关注思考的内容，而是不自主地关注其他事物。内隐记忆意指在不需要意识参与或在不是有意回忆的情况下，个体的经验自动对当前行为与状况产生影响而表现出来的一种记忆。其最显著的特点为，人在没有察觉自己拥有过这种记忆，同时没有有意地提取这种记忆时，这种记忆却在特定的场合或情境中自然表现出来。内隐学习指无意识地获取关于刺激情境复杂的知识的过程，其能够产生一种抽象的知识，同时可以平行于外显学习方式，是无意识的知识获取的过程。在对学习材料基本内涵与底层逻辑基本掌握的前提下，相比于外显学习，内隐学习有其独到之处。相关研究显示，知识底层规则顺利迁移的过程不需要任何有意识的控制或刻意为之。

1. 内隐认知的工作机理

内隐认知与外显认知在信息资源的来源上具有一定的互补作用。从对信息来源的加工方面来看，外显认知信息有两个来源：一是主体对客体主动进行认知活动时所编码储存的意识阈上的信息；二是在内隐认知过程中经过自由组合、整合等内隐加工后进入外显认知中的信息，这一过程也称作内隐认知的显现化，如灵感、顿悟、直觉等。内隐认知共有三个信息来源：一是伴随外显认知活动而被内隐认知编码并可进行储存的信息，主要指意识阈之下的信息；二是经过外显认知加工过，而后进入内隐认知部分的信息；三是内隐认知信息经过自由组合或是进行整合处理等内隐认知加工后所建构的一些因没有必要的刺激条件而暂时储存在内隐认知系统中的信息。因此，能够明显地看出，外显认知与内隐认知之间可以相互提供所需的信息，从信息资源传递流动的过程中也能够看到，内隐认知和外显认知之间可以相互利用信息资源。

无论是内隐认知，还是外显认知，二者都是大脑处理信息资源的一种机能，能够并存于大脑中，都能以大脑作为其生理机制。相关研究表明，内隐认知与外显认知从大脑的空间维度上来看，涉及大脑多个区域的共同协作参与，神经元的同步激活很可能是信息能够分析加工的一种重要的作用机制。另外，内隐认知与外显认知都是对客观信息如实的反映，这既可以是自身之外的客观事物，也可以是客体自身的情况，其中包括自身的心理活动。同时，需要注意的是，二者都是在人类的实践活动中发生发展而来的，因此，实践活动对两种认知都有极为重要的意义。

正是实践，使得内隐认知的内容可以进入外显认知中，外显认知的内容可以内化为内隐认知。内隐认知与外显认知可能存在一种相互伴随的关系，在事物或问题解决的过程中，二者可以不断发生相互作用。在这个过程中，内隐认知可以尝试解决有意识提出的相关问题，再把所得到的信息反馈给意识；反过来看，这些信息又有可能在另一个无意识问题的解决中输入意识，进而形成一个强大的信息和意识的容量。意识所含的内容与信息激发了诸多无意识的过程，在这一过程中，意识的内容又在无意识的框架内进行构建，最终成型。意识与无意识之间的这种相互储存性的特征，表现出一种随机的通达性。因此，可以看出意识不能离开无意识而独立存在，相反，无意识也不能独立于意识而自行存在。

总而言之，人类强大的认知功能的形成是内隐认知与外显认知共同作用的结果，信息资源在其中可以相互传递，其中的加工功能具有随机的通过性。

2. 内隐认知在认知中的功能

外显认知是人类个体所独具的功能，人们早已发现外显认知在人类心理发展过程中所具有的重要作用。但外显认知只是人类认知中的一个方面，内隐认知是人类认知功能体系中一个重要的、不可替代的组成部分，其在保障个体生存与发展中发挥着关键性的作用。无论从人类进化角度来看，还是从人类个体心理的发展角度来看，内隐认知和复杂的无意识知觉的出现都早于意识。

（1）对人类演变发展的作用。内隐在人类生存发展过程中发挥着独特的作用，其能让人类在危险面前自动地做出正确的行为，规避危险环境或事件。内隐认知在人类发展的过程中所发挥的作用大于外显认知，动物身上的内隐认知同样发挥着重要的作用。在人类和动物的进化中，内隐认知的一个作用便是能够从自然界中自动收集信息，而后运用已经习得的知识和经验指导其在新的环境中做出正确的行为。更为重要的一点是，当人类在生存和发展的过程中大脑受到不同程度的损伤时，内隐认知并不会因此而受到影响，仍能发挥其应有的功能。

（2）在人类个体发展中的作用。在人类个体的发展中，当外显认知还未发展成熟之前，内隐认知已经能够帮助个体更好地生存和发展。例如，孩子在玩耍中自己学习玩具和游戏，其效果好过单纯给孩子讲解规则。从某种意义上来说，内隐认知比外显认知有着更加强大的功能，其不会受或很少受个体情绪的影响。相比于外显认知，内隐认知所获取的知识能够保持更长的时间。此外，内隐认知更具有稳定性，在人类认知系统中，其具有更强的基础性，对个体的生存和发展具有更稳定的保障作用。

（3）认知中的相互补偿功能。从信息加工的精确度来看，外显加工的精确度对于内隐加工的模糊性来说，是更有益的补充。由于外显认知对信息的加工容易受到阻碍，造成个体疲劳，因此内隐加工的持久性和高效性对外显加工的低效性也是一种有效的工作机制的补充。

内隐认知与外显认知之间存在一种相互促进和补充的功能性关系。人的认知系统中存在内隐认知与外显认知两套认知系统，在处理外界信息时，这两套系统产生协同作用，使系统的形成具有一定功能的结构，但彼此间仍可保持独立性，同时也有明晰的主次关系，彼此间可以相互依存。在认知系统中，内隐认知与外显认知共同构成一个有机的整体，从这一方面来看，二者在认知的事实上又可表现为互为主次的功能性特征。

（三）激励理论

激励，简单来说，就是通过各种方法充分调动人的积极性，将人自身的潜能充分发挥出来。从组织管理的角度来看，管理者对下属进行激励，就是激发和鼓励下属朝着整个组织所设定的总体目标，表现出积极主动的、符合组织发展的工作行为和态度。

激励工作与领导或是管理者有着十分密切的关系，管理者想要取得被管理者的认可与服从，最重要的就是要全面地了解被管理者的想法与愿望，并且尽可能地通过各种方式和途径满足被管理者的愿望，达到他们的期望值。简单来说，管理者越是懂得通过什么方式能够激励员工或是用什么激励的方法才能发挥最大的作用，并充分地在各项管理工作中体现出来，那么其在日常工作中就越会收到更明显的工作成效，所管理的团队或组织能够产生更强大的产能，团队的运转效率也更高。

  1. 动机与需要

  从事人的心理与行为研究的科学家发现，人能够做出特定的行为是由其动机所驱使的，甚至可以理解为，人做出的任何行为，都是由动机所驱动的。一个人是否愿意从事某项工作，或是工作的积极性高或低，都取决于这个人对从事这项工作动机的大小。动机是驱使人产生某种行为的内在力量。从心理学角度来分析，动机是由人的内在需要所引起的，人愿意做一件事，主要就是因为这件事能够满足人的某种需要，或是完成这件事，可以满足人的某种需要。而需要从某种层面上来说，是人的一种心理状态，这种心理状态能够让结果变得具有极强的吸引力，它是人们对一个目标的渴求。正因为人有这种欲望，才能推动人采取某种行动。人会产生某种需要，是因为人自身的某些要求没有得到满足，当一个人想要满足这些没有得到满足的需要时，就会通过自身的努力和行为获取他想要的东西。例如，饥饿的感觉会让人想各种办法去获取食物，孤独的人会期望得到他人的关心。因此，可以看出，人没有得到满足的需要是构成人行为动机的根本原因。可以说，研究人的行为以及对人的行为和行动进行激励，就必须先了解和认识人的动机与需要。

人的行为规律与激励工作，如图 6-1 所示。

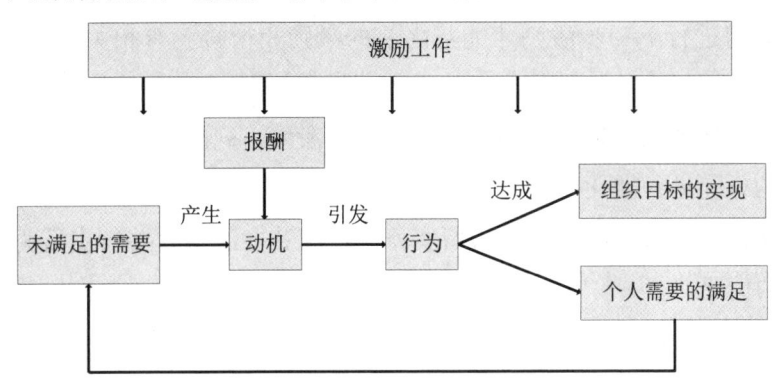

图 6-1　人的行为规律与激励工作

人未满足的需要产生人的动机，而动机引发人的行为，人做出的行为可以满足个人的需要，或是可以实现组织的目标。但需要注意的是，并不是在任何情况下，需要都会引发行为的动机。只有当人的需要积累到一定程度时，才会产生对应的动机。当人的需要处于初步形成时，其表现形式并不明显，只是以模糊的形式反映在人的意识之中。当需要不断增强时，人也更加明确地知道造成内心不安的原因，同时更清楚需要通过什么方式来实现，这时意向就会转化为愿望。当人的心理进入愿望这一阶段时，在某种外界条件的刺激下，就能形成满足这种需要而行动的强大动机。行为动机的形成需要具备两个条件：一是一个人的内在需要和愿望以及由外部带来的刺激和诱导。二是要有需要，同时要有一定的诱因，才能形成现实的动机，引发最后行为的发生。因此，管理者在对教师进行激励时，首先要提供一种诱因或刺激，对个人的需要和动机产生一定的影响，从而让其产生期望行为的想法。管理者为了真正提供一些能够吸引教师的刺激，就必须对教师有更多的了解与认识，清楚他们内心真正需要什么，才能有针对性地为其提供实用的刺激。这些方面都是激励理论所研究的主要内容。

另外，管理者要重视激励对于员工所起到的作用，还要清楚人的动机转化为特定行为的过程和机理,同时,还要清楚如何满足个人的需要以及如何进行下一步激励才能与之前的激励相衔接。有相关研究表明,动机向特定行为进行转化的过程实际上是一个极为复杂的心理过程。管理者需要清楚地知道教师如何才能真正被激发,同时要清楚动机向特定期望的行为进行转化的过程中,相应的心理因素以及此时所配套的措施和办法,以此来更深入地分析所实行的措施和办法对这些特定行为影响程度的情况。

2.需求层次理论

(1)需求层次理论的基本观点。需求层次理论是美国心理学家马斯洛提出的,主要包括以下四个基本观点。

①人的需求分为五种:生理需求、安全需求、社交需求、尊重需求和自我实现需求。

a.生理需求,是指人在食物、水、住所、性满足以及其他方面的需求和欲望。

b.安全需求,是指人保护自己免受身体和情感伤害的需求和欲望。

c.社交需求,是指人在友谊、爱情、归属及接纳方面的需求和欲望。

d.尊重需求,包括人在受人尊重方面(如地位、认可和关注方面)的需求以及在自我尊重方面的需求。

e.自我实现需求,是指人在自我成长与发展、发挥自身潜能、取得成就和实现理想抱负等方面的需求。

在以上五种需求中,马斯洛把生理需求、安全需求称为基本的低层次需求,而把社交需求、尊重需求和自我实现需求称为较高层次的需求。

②人的行为受到人的需求及欲望的影响,并被这些需求和欲望所推动,只有当人的欲望没有得到满足之时,人们所具有的需求才能真正影响人的行为,而当需求得到满足时,激励便不再产生其应有的作用。

③人的各种各样的需求,按其重要程度及发展顺序来进行划分,具有一定的层次性。马斯洛将人的五种需求划分为五个层次,并按其重要

程度与发展的先后顺序构成金字塔状，同时他也强调，当人较低层次的需求得到满足时，才有可能试图满足更高层次的需求。

马斯洛需求层次理论的金字塔模型，如图6-2所示。

```
自我实现需求
尊重需求
社交需求
安全需求
生理需求
```

图6-2 马斯洛需求层次理论金字塔模型

从图6-2可以看出，生理需求是人的五种需求中最为基本的需求，无论人是为了食物、水、住所、出行，还是为了满足自己性的需求，生理需求都是人所有需求中的基础。若人的生理需求得不到满足，则其他四种需求便很难得到满足。在生理需求之上，人还渴望满足自己安全的需求，如果一个人时刻处于不安全的环境中，则不会再产生其他更高层次的需求。当人的生理需求与安全需求都得到满足时，就会期望更高层次的社交需求，期望得到他人的接纳，得到各种诸如友情、爱情等情感，希望自己更多地融入社会圈层、组织等。当人的社交需求得到满足时，便会期望更高的受人尊重的需求，不只是关注、地位、名誉等，还包括自我尊重的需求，希望得到人们更高层次的认可。当人的前四个层次的需求都得到满足时，就会期望得到最高级的需求，也就是自我实现的需求，希望自己的价值得到最大化的认可，真实实现自己的价值，希望自己的能力与智慧得到充分的发挥，实现人生的意义。

④人的需求决定着人的行为，人的这五种需求不会同时存在，并且这五种需求不会具有同等的强烈程度。人在某一时期都有处于主导地位

的需求，在不同时期，人的主导需求均不同。人在某一时期所发生的行为均是由这个人在这一时期的主导需求所决定的。

（2）需求层次理论的优缺点。自马斯洛提出需求层次理论之后，受到了普遍的关注，并且这一理论也成为一个重要的理论，在各个方面都得到广泛的应用。其简单通俗的原理，让每一个接触它的人都能马上理解其中所要表达的内涵。最重要的一点是这一理论符合了人类动机形成所具备的基本规律。出于人的本性，人总是不断地提高自己的需求层次，当低一级的需求得到满足时，更高一级的需求随之产生，人们也具有这种不断追求更高层次需求的期望，同时，这种期望也在不断推动着人类文明的发展与进步。

当然，也有人对马斯洛这一理论有着不同的认识。例如，人的需求一定会严格地按照层次理论的发展，不断期望满足更高一级的需求；成长经历、家庭出身、职业与职务等，都会对人的需求类型及其发展进程产生十分重要的影响。另外，影响人的需求类型及发展进程的因素还可能有其他很多方面。他们认为，人的需求的发展顺序是一个复杂的过程，其运行机理会涉及诸多方面。从个人实际发展的实践来看，在精神心理学既有的研究成果上所建立起来的需求层次理论缺少更多的实证基础，没有充分支持这一理论假设成立的验证性资料。但这一理论毕竟为我们提供了一个分析和研究人类需求与动机的思路与方法，其将复杂的过程简单化，让人们能够更清晰地理解人类需求和动机产生的源头、发展、过程等更进一步的内涵。

3. 双因素理论

双因素理论是由美国心理学家赫茨伯格在20世纪50年代提出的，其对2000多名工程师和会计师进行了访谈式的调查，从中发现了人在工作中的满意感可以激励人的工作行为，而人们对最终所产生的效应满意或是不满意，是由两种完全不同的影响因素所决定的。在赫茨伯格看来，人们通常把满意和不满意看作两个对立面，但实际上，满意的对立面并不是不满意，同时，不满意的对立面也并不是满意。从这一前提出发再进一步来说，如果消除人们日常生活中的不满意因素，并不会让人们产生满意感。在他看来，正确的观点应当是，不满意的对立面是没有不满意，而满意的对立面是没有满意。因此，其提出了双因素理论，主张将导致满意和不满意的两种不同因素区分开。

根据赫茨伯格的观点，导致对工作满意的因素与导致对工作不满意的因素，从根本上来说，有着本质性的差别。管理者消除工作中令员工不满意的因素只能维持最基本的状态，而不会对员工产生过多的积极作用，更不会产生激励的作用。通俗地讲，这些因素只能作为安抚职工的一种基本方式，而不能从根本上给予员工激励。在赫茨伯格看来，对那些跟人们的不满情绪相关联的因素，如高校政策、工资水平、教学环境等，如果高校管理层处理方式不合理，将会引发教职员工对高校工作产生不满情绪，但如若处理得当，也只是消除或是预防了这种不满情绪的发生，而不能从本质上起到真正的激励作用。正因如此，赫茨伯格将这种只能维持人们工作现状以及保持人们积极性的因素分别称为"保健因素""激励因素"，如表6-1所示。

表6-1　保健因素与激励因素

保健因素	激励因素
薪金	工作本身
管理方式	赏识
地位	进步
安全	成长的可能性
工作环境	责任
政策与行政管理	成就
人际关系	

在赫茨伯格看来，能够促使人们在工作中产生满意感的一类因素，并不与工作环境相关联，而是与工作本身所具有的内在激励感有着密切的联系。这些来自工作本身的"激励因素"包括：①有工作表现的机会以及工作所带来的喜悦感；②从工作中获得的成就感；③因出色的工作表现所得到的奖励；④在工作中对未来发展的期望；⑤个人职务上的责任心与责任感。

此外，对于管理者来说，如果能够不断改进这些与工作本身有着密切关系的"激励因素"，就能够让员工在工作中得到最有效的激励，同时会收到意想不到的效果。即便管理者不提供这些激励因素，员工也不会马上产生不满意的情绪。但具有长远眼光的管理者，不只是在保健因素上花费更多的精力，也不会过于重视保健因素，因为消除不满本身不能真正地激发人们奋发工作，同时，更不会起到激励作用。

赫茨伯格对于保健因素与激励因素在功能与作用方面的区分，对实际工作的指导具有重要的价值。但其从"白领"阶层需要动机分析中得出有关保健因素和激励因素的分类标准有着明显的分歧。例如，其基本将马斯洛需求层次理论中构成生理、安全、社交、尊重这四个处于较低层次的需求要素，均看作不具有激励作用的保健因素，这对于处于低需求动机的群体来说，就显得不适用。因此，对于赫茨伯格关于保健因素以及分类标准的理论，具体应用还要根据实际情况进行相应的调整。

4. 期望理论

内容型激励理论有助于解决管理者为具有特殊需要的教师提供哪些方面的激励的问题，而过程型激励理论就会研究所提供的激励因素是否能发挥出应有的激励作用以及通过什么样的方式能够最大限度地发挥出激励作用。

期望理论是由美国心理学家弗鲁姆所提出的，其认为，人们只有在预期到他们的行为会给自身带来既定的成果，并且这一成果对其个人有足够的吸引力时，他们才会被激励起来去做某些事情，以达到组织所设定的预期目标。人们从事某一工作，并且能够达到组织所设定的目标，是由于他们均相信这些工作和组织目标能够帮助其达到自己的目标，也就是能够满足一个人某方面的需要。因此，可以说，在某一项工作当中，人们受到激励的程度（激励力）高低与否，取决于其通过自身努力之后所取得的成果的价值（效价）与他们对于实现这一目标所持的可能性的想法（期望值或期望率）的乘积，公式可以表示为：

$$激励力 = 效价 \times 期望值$$

激励力是一个人所受到激励程度的高低；效价意指一个人主观做出的对某一预期成果或目标的吸引力的估价，或是效用的估价；期望值是指个人经主观认知估计出的通过其努力达到预期想要完成的目标的概率情况。

期望值理论说明，促使一个人做一件事所产生激励力的大小，由效价和期望值两个因素所决定。由公式可知，如果效价和期望值都处于较高的水平，员工的激励力才能够处于较高的水平。因此可得出，激励实际上与个人心理的某些因素有着密切的关系，同时，激励也与一个人的认知判断有直接的关系。

根据期望理论的观点，人们对于期望的理解主要可从两个方面的主观因素入手：一是一个人对于自身努力置换为工作绩效的可能性判断，如果一个人对于自己所从事的工作有所期待，有着一定的预期，则这个人的行为表现便会围绕着这一预期进行，每个人都期望能通过自己的努力收获到应有的劳动成果；二是一个人对工作绩效转换为预期报酬的可能性判断，这也是一个人对努力完成组织目标之后，组织给予个人报酬的可能性所做出的主观认知和判断。

对于个人来说，如果组织所设定的目标不能帮助他真正实现其个人目标，或是在个人看来，组织目标与个人目标间没有很强的关联性，那么这个人便不会受到真正的激发和激励。期望理论的观点认为，个人从现实目的来考虑，往往会选择对自己目标有推动价值的、能为自己带来工作绩效或效价的报酬结果为目标,并会为这一目标而付出自己的努力。如果一个人认为组织为自己提供的报酬不能满足自己的预期,或是所发放的报酬与自己付出的努力不匹配,抑或认为组织所设定的目标高于自己的能力范围,个人通过自己的努力不可能达到这一目标,则这个人不会受到激励,或是所受到的激励程度较低。期望理论要求管理者在设定目标时,应当充分考虑员工整体的实际能力和现实情况,所定目标既不宜过高也不宜过低;既要能达到激励员工的目的,也要给员工一定的达成目标的信心。

5. 公平理论

1965 年,美国心理学家亚当斯提出了公平理论,其是一种过程型激励理论,主要研究相对报酬与人工作积极性之间的关系。

公平理论观点认为,一个人在工作中付出自己努力做出相应成绩,并取得相应报酬后,不仅关心自己所得到报酬的绝对数量的多少,而且关心自己的报酬水平与其他人报酬水平之间相比较的情况,也关心其中是否公平公正。通常来说,一个人对于从组织中得到劳动报酬是否合理,没有一个客观理性的个人判断,而是会通过主观判断与相互比较来进行考察。

公平理论的基本观点如图 6-3 所示。

$$\frac{个人对自己所得的感觉}{个人对自己付出的感觉} \begin{matrix}>\\=\\<\end{matrix} \frac{个人对他人所得的感觉}{个人对自己投入的感觉}$$

图 6-3 公平理论基本观点

一个人在与他人进行比较前,首先会将自己的好处与自身所付出的努力进行衡量,得出一个比值,而后拿这一比值同其他人进行比较,如果自己的比值与其他人的比值相差不多,会产生公平感;而如果自己的比值与他人的比值相差较多,则会产生不公平感。不公平感产生的初期,个人可以通过一些方法或是手段对其自身的付出和所得重新进行衡量，而后作出相应的行为上的调整，以保持公平感。其中的付出部分包括经济、教育、素质、能力等，而所得部分可以是经济的收入要素，也可以是非经济的收入要素。

公平理论是建立在对人性深刻认知的基础上的理论。由于人具有一定程度的主观意识，其中主观因素或多或少地影响着人们日常生活和工作的诸多行为。因此，大多数情况下，一个人往往会过高地评估自己的行为表现，会高估自己的付出和他人的付出，而对于自己的所得和他人的所得则会低估，但总体上还是认为自己的所得低于他人的所得，从而容易出现图 6-3 中左边的比值比右边的比值小的情况，这也就容易造成研究生导师对高校管理者不满的情绪。

而当出现左边比值较右边比值大的情况时，个人可能会感到满足，从而在工作上会更加努力，力求将这种满足感进一步放大，但这种满足感可能持续的时间并不长。经过一段时间后，个人可能已经习惯于这种满足感，并对这种满足感的新鲜度降低，工作状态有可能重新回归于常态，工作积极性也会随之有所下降。因此，从公平理论所持观点出发，只有当左边比值与右边比值处于对等状态时，研究生导师才会获得较稳定的公平感，其行为才能得到最有力的激励。也就是说，公式左右两边对等的状态是研究生导师公平感的最佳位点。

将公平理论置于研究生导师立德树人评价工作中，分析研究生导师的报酬分配方法对研究生导师的影响，有以下四点具体解析。

（1）按时间支付导师报酬时，收入超过应得报酬的导师，其工作效率和水平将高于得到公平收入的导师。

（2）按时间支付导师报酬时，收入低于应得报酬的导师，其工作效率和水平将低于得到公平收入的导师。

（3）按工作量支付导师报酬时，相比于得到公平收入的导师，收入高于应得报酬的导师，其工作质量会更高。

（4）按工作量支付导师报酬时，相比于得到公平收入的导师，收入低于应得报酬的导师，若工作量提高，则工作的质量会随之下降。

6. 强化理论

1983年，美国心理学家伯尔赫斯·弗雷德里克·斯金纳提出了强化理论，认为激励应建立在行为结果的基础上。强化理论又被称作行为修正激励理论。

这一理论通过对一个人行为结果的肯定或否定，以鼓励或是防止这种行为再次发生为最终目的。强化理论认为，一个人的行为结果与其行为有着密切的关联性，人们通常为了达到某种目的，必然会采取一定的行为去影响环境或是周边的一些人和事。人获得了一定的刺激，而后才会采取一些行动。如果这一刺激对人有利，则这个人的行为就很可能重复出现，以获得持续不断的好处；如果这一刺激对人不利，则这个人很可能会终止这种行为，以最大限度减少不利结果。

因此，就研究生导师立德树人教育工作而言，高校管理者可以通过强化的方法和手段，为研究生导师营造一个有利于高校整体发展目标的氛围和环境，同时使研究生导师的工作行为更加符合高校整体发展的目标。强化的具体方式有以下四种。

（1）正强化。正强化就是对于符合高校整体发展目标的行为予以奖励，以促使这些行为能够进一步增强，重复而持续性地出现，促进研究生导师从中得到更多的回报，同时，促使高校立德树人教育工作能够不断向前推进。正强化的手段包括经济方面的手段和非经济方面的手段，经济方面的手段如奖金、加薪等，更偏重于物质层面；而非经济方面的手段包括表扬、晋升、进修等，更偏重于精神层面。

高校管理者在进行强化工作时，应当注意选择合适的强化物，前期要充分了解研究生导师的基本情况，对其立德树人工作以及其他工作和生活的方方面面都要尽可能全面了解，以便更清楚研究生导师的真正诉求所在，选出更适宜激励导师的强化物。另外，高校管理者还应当注意强化的方法，要通过更适宜导师的方式，为导师营造一个更舒适、更自由的工作环境，最大限度地促进导师充分发挥自身能力与水平，以更突出的表现推动立德树人工作获得显著成效。

高校管理者在进行早期强化工作时，可能会通过持续性强化，使研究生导师形成成熟而稳定的工作规范，不断强化的工作流程将得到进一步巩固。但连续性强化会花费高校管理者大量时间和精力，同时，在达到某一个临界点时，其强化的效力会随着强化工作的不断推进而逐渐降低。因此，在强化理论看来，一个科学且高效的正强化方法应当让强化保持一定的间断性，强化的时间和次数应当更加自由，不应死板和固定。从这一点来说，高校管理者应当根据高校自身的发展情况以及研究生导师具体工作的实际情况，不定量、不定期地对强化工作进行灵活调整，最大限度地辅助研究生导师立德树人教育工作的顺利开展。

定期或定量的正强化有可能会让研究生导师认为高校管理者所提供的正强化是自然而然之事，并且导师对此的期望也会逐渐提高，导致正强化所发挥的作用也会逐渐降低。而更加灵活地调整正强化方式，有时能给予导师更多的工作动力和惊喜，能够更多地调动导师的工作积极性，促使正强化的作用最大化发挥。

（2）惩罚。当研究生导师出现一些不符合高校整体目标发展的行为时，高校应当果断采取相应的惩罚措施，最大限度地减少此类行为的发生或是杜绝此类行为的发生。与正强化鼓励相反，惩罚的目的是让不符合高校立德树人教育发展的行为表现降到最低，甚至不再出现此类行为，取而代之的是完全符合高校立德树人教育工作发展的行为。与正强化类似，惩罚的手段也包括经济方面和非经济方面的手段。与正强化所不同的是，惩罚的经济方面的手段包括减少薪金、罚款、扣奖金等；非经济方面的手段有批评教育、给予处分、降级、撤职、扣除其他可能得到的好处或利益等。

根据出现行为的性质和严重程度，惩罚可以间隔执行或是连续执行，以达到对不符合高校立德树人教育工作发展行为的处罚目的。间隔性惩罚可以间隔一段固定的时间或是间隔一段不固定的时间,或是某种不达标的行为发生了固定次数或是发生了不固定次数时才进行惩罚处理。连续性惩罚对每次不达标的行为进行惩处,对于一些心存侥幸的人来说,能够有效地打击其不达标行为,打消其侥幸心理及其所抱有的一丝希望,与此同时,对于一直以来严于律己的人来说,也能够充分保证其公平感。

惩罚是一种有效的维护公平的措施,其在实际落实的过程中,方式应当更加灵活,以减少或从根本上消除不达标行为为最终目的,以引导研究生导师以更加积极、稳定、安心的状态持续推进高校立德树人工作的广度与深度。

(3) 负强化。正强化与惩罚两种方式都是在行为发生后对这种行为进行处理的方式,负强化与这两种方式有所不同的是,其是在事前对可能发生的行为进行杜绝和规避。负强化方式在真正开展工作前,即对不符合高校立德树人发展目标的行为进行规定,或是规定研究生导师如果做出哪些不符合发展目标的行为,应当受到什么样的惩罚。此法能够从源头上对一些不合规的行为进行遏制,形成一种严肃的约束力。这样的惩罚或约束力能够让不合规的行为逐渐趋向于合规,符合高校立德树人教育工作的总体目标,因此,能很明显地看出,这种非正面的方式也是一种对符合总体目标发展的行为的强化,故称为负强化。

无论是惩罚方式,还是负强化方式,都是一种对不符合目标发展行为的约束和处罚,以减少不合规行为,并在此基础上对合规行为逐步进行强化。通过惩罚和负强化的方式,研究生导师能够不断加强对自己行为的约束,逐渐形成一种符合高校整体立德树人教育发展的行为。规定本身并非一定就是负强化,只有当规定真正作用于研究生导师的行为,并对相关行为产生一定的影响时才发挥出应有的作用,才是所谓的负强化。

(4) 忽视。忽视的方式是对已经发生的不符合目标要求的行为进行"冷处理",以最终达到"无为而治"的效果。与惩罚的方式相类似,忽视的方式能够将高校管理者不希望发生的行为弱化下来或是让其逐渐消退。通常来说,这种弱化相关行为的过程不需要高校管理者从中进行任何方式的干预,因此,这种忽视的方式也称为自然消退。但需要注意的是,采用这种方式时,存在一个前提,即此类不符合目标要求行为的主体通常有一定的自控力或是自我反思的能力,能够定期或不定期地对自己的行为进行总结与反思,有能够纠正自己不符合目标要求行为的意识;或是高校大部分研究生导师有一定的自主性,对自己立德树人教育工作有清晰的认识。

强化理论认为,高校的管理者应当将更多的精力与时间放到积极的强化方面,而不是简单的惩罚上。惩罚虽然在表面上或是短期内能收到较快的效果,但其效果通常不会维持太长时间,并且对研究生导师的心理容易产生一系列消极的影响,容易让研究生导师产生抵触或是逆反心理。负强化方式与忽视方式对研究生导师的影响应当得到高校管理者的重视,在开展工作时可将负强化和忽视这一类长效方式与正强化和惩罚这一类短效的方式进行有效的结合,齐抓共管,不断促进研究生导师立德树人教育工作持续向前发展。

7.综合激励理论

在以上几种激励理论的基础上,管理学家斯蒂芬·罗宾斯提出了一个综合激励理论模型,此模型中包含了期望理论、公平理论、强化理论等多种激励理论,如图6-4所示。

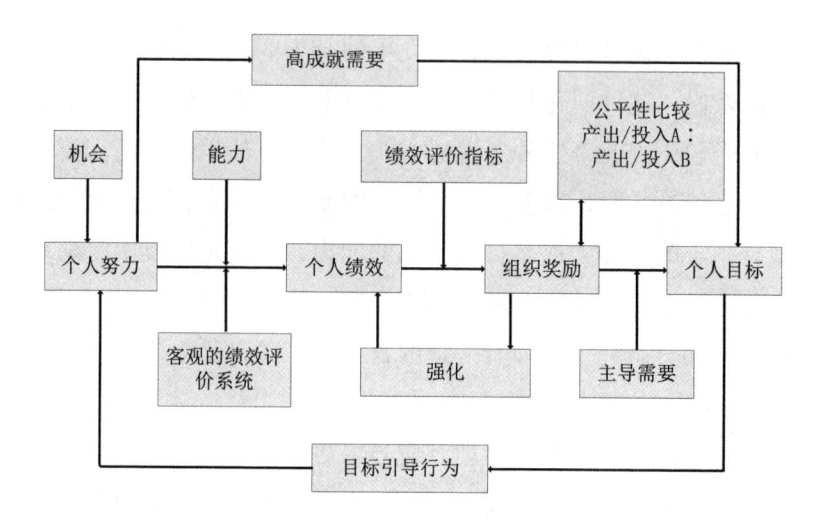

图 6-4　综合激励理论模型

从综合激励理论模型中可以看出，要想真正达到对研究生导师的激励效果，需要根据具体工作的实际情况来灵活运用这几种激励理论，可以合理地使用其中一种，也可以综合使用其中几种激励理论。但无论使用哪种激励理论，都应当遵循两个重要原则：一是要坚持公平、公正，一视同仁；二是个人的工作成绩必须匹配与之相应的认可和报酬。

在制定并实施绩效激励方案时，不仅要关注货币形式的薪酬激励，同时还要关注非货币形式的激励。如果只有货币形式的激励，可能会得到短期的效果，这种方式更直接，经过一段时间后，激励的效果也会随着时间的推移而逐渐削弱。而非货币形式的激励虽然不像货币形式的激励一样能对研究生导师产生直接而显著的效果，但其产生的激励效果能够产生更加长远的影响，如一份荣誉、一个奖项会伴随研究生导师终生，每当看到荣誉或是奖项，都能给研究生导师带来激励的效果，都能或多或少地对研究生导师的工作产生促进作用。

高校在开展研究生导师立德树人教育工作时，不能忽视激励在工作中所发挥的作用，对于激励计划的制订与实施，高校管理者也应高度重视。对于高校管理者来说，激励计划所制订的标准不应过高，但也不应过低，应当根据高校立德树人教育工作的实际需要，在科学、合理的范围内制订适宜研究生导师立德树人教育工作发展的激励计划。如果激励计划标准制订得过高，大部分研究生导师即使通过努力也不容易满足激励的要求，就会在实际工作开展的早期便放弃努力、消极工作，如此一来，激励计划便不会发挥任何作用；如若激励计划标准制订得过低，大部分研究生导师无须付出多大的努力就能达到激励计划的要求，实际得到的结果便是激励计划没有有效地提高研究生导师立德树人教育工作的质量与水平。与此同时，高校为这项激励计划会花费更多的预算资金和投入，却不能收到应有的工作成效。

通过以上七种激励理论的阐述，在制订激励计划的过程中，能够得到以下三个方面的启示。

（1）研究生导师的真实需要能够影响其工作行为，只有充分满足研究生导师的不同需要，相应的薪酬体系才能真正发挥更大的激励作用。如果研究生导师的需要呈现多元化，则单一的薪酬体系或薪酬结构便不能有效地为研究生导师带来满足感。更为灵活多变的薪酬体系或是更加多元化的薪酬结构对研究生导师工作绩效所发挥的作用可能是最显著的。

（2）在公平公正的基础上，激励才能真正发挥出应有的作用。对于薪酬管理相关的诸多工作应当注意其公平性，而公平性表现为是否能够获得必要的资源支持或是相匹配的工作条件。研究生导师的工作成绩是否能够得到公平、公正、准确和科学的评价，又能否得到与之相匹配的报酬是公平性中应当着重考虑的问题。

（3）激励计划的成功与否，与高校管理者和研究生导师间的良好的沟通有着密切的关系。通过广泛的沟通交流，高校管理者能够让研究生导师明确地了解高校对立德树人教育工作的总体发展目标与对未来工作的期望，同时能够让研究生导师更清楚地了解到自己在达到高校的这一期望后能获得什么水平的报酬。通过这种更为具体、清晰、全面的沟通，能够让研究生导师明确高校的总体发展目标和个人成长目标，进而推进高校激励计划的顺利实施，使高校立德树人教育工作的总体目标以更高质量、更高效率不断向前推进。

二、研究框架

（一）评价理念

研究生导师立德树人评价工作，应当建立促进导师能力不断提高的评价体系。导师应当时时对自身教学行为作系统性的反思与分析，通过多方评价的反馈，可以从更加广泛的范围内获得评价信息，不断提高自身教学能力和水平。在构建导师立德树人评价模型的过程中，应当先确立科学的评价理念。

1.坚持以研究生的发展为根本

一切工作的重心都在研究生，评价工作开展的最根本目的就是促进研究生各个方面的发展，因此，要时刻坚持以研究生的发展为根本。

2.促进导师的专业发展

研究生导师立德树人评价要以促进导师的专业发展为理念，侧重于导师专业能力的提升以及在学术科研方面能力的提高。

3.强调导师在评价工作中的主体地位

对导师的评价要充分发挥导师自身的主体作用，突出导师在整个评价工作中的主体地位。导师在评价过程中不仅是被评价者，而且是评价主体。导师在评价工作中的积极参与能够有效促进评价工作的顺利开展。导师的自我评价也是十分重要的部分，其与各方评价主体一同组成更加全面而完善的评价维度。

4.重视导师的个体性差异

研究生导师在教学风格、专业能力、道德品质、职业素养等方面，都存在不同程度的差异性。因此，对研究生导师进行立德树人评价时，应当充分考虑导师之间的差异性，尊重导师的个体性差异，将导师的共性特征与个性特征结合在一起考虑。条件允许时，可对导师进行个性化评价，辅以相应的评价方法。

5. 评价主体多元化，多渠道为导师提供评价反馈

研究生导师立德树人评价工作应当选取尽可能多元化的评价主体，通过多种渠道为导师提供评价反馈，导师通过不同渠道和主体的评价反馈，能够更加清楚自身所具有的优势与不足，在未来的教学、科研工作中，能够更有针对性地改进自己的工作方式，提升工作效率，从而在培养研究生成长成才方面，发挥出更突出的作用。

（二）评价标准

1. 师德师风

师德师风是研究生导师应当具备的最基本的品德素质，也是导师对研究生进行其他教育的根本前提。研究生导师立德树人教育工作的首要任务就是立德，只有自身道德品质不断提升，才能为研究生做出正向表率。

2. 理想信念

研究生导师首先要有远大的理想信念，不仅仅局限于眼前的教学、学术、科研成果，而是可以将自身所追求的目标设定得更为长远，为国家、民族、社会的发展作贡献，为研究生的成长成才奉献自己的能力与心血，以自己远大的理想信念来感染研究生，激发其在学术科研方面不断向新的领域进行探索。

3. 品质与教育水平

导师自身的品质与教育水平是开展研究生教育的基础，导师除在思想道德方面应具备高尚的品质外，还要在教育能力与教育方法上有自己的独到之处，能够根据不同学生的特点，因材施教，以最有效、最适宜的方式不断提高研究生各个方面的能力与水平。

4. 扎实学识

导师在自身学识上要有扎实的基础，立德之外，树人同样重要。在培养研究生成才方面，首先导师要有最基本的学识素养，这是进行更高

水平教学的基础，包括激发研究生的创新力、创造力、想象力等，导师只有拥有更扎实的学识，才能对专业内相关问题有更深入的认识，才能帮助研究生不断提升自身学术研究的能力。

5. 仁爱之心

研究生导师要时刻关心研究生的成长，不仅要关心其日常学习情况，还要在生活和就业等各个方面给予研究生无微不至的关心，以仁爱之心让研究生感受到家的温暖，在一个更为轻松的环境中学习和生活，排解后顾之忧，把更多的精力与时间用到学术科研和对未来人生的规划上。

（三）激励机制

激励机制能够激发导师潜在的创造性和积极性，能够有效地提高其在研究生教育工作中的绩效水平。在明确目标导向的基础上，通过激励手段的运用，充分考虑导师的各种合理诉求，可以调动导师的工作积极性，最大限度促进研究生导师立德树人教育工作高效率、高质量地向前推进。

激励机制主要包含以下三种激励方式。

1. 目标激励

设定更加合理、清晰的目标，能够有效地激发导师的动机，并因此指导导师的各种行为，促进导师的需要与评价的总体目标产生强烈的联系。通过这种方式，导师工作的积极性、主动性、创造性能够得到最大限度的激发。在设定评价目标和评价标准时，根据"期望理论"的观点，要充分考虑导师自身的实际情况，将难度或标准设定在合理且科学的范围内，对于其中存在的差异性留有一定的空间。同时，要积极引导导师不断向新的目标和领域探索。在各项指标中可设定几个不同等级，引导导师不断向更高的等级努力。高校应当将总体发展目标与近期目标进行合理的结合，并让导师将个人发展的目标与高校的总体目标、近期目标统一在一起，从而使导师的个人发展与高校的整体发展同步，以自身的发展促进高校教育的整体发展。

2. 过程调控激励

研究生导师立德树人评价工作在执行过程中，应将形成性评价与终结性评价结合在一起，并将导师的自我评价与各评价主体的评价相结合。同时，应通过各方的评价反馈，不断调整和改进评价工作，让评价工作的流程不断优化，以便更全面、更系统、更客观地对研究生导师进行全方位评价。在对过程的调控中，应当不断强化导师的"直接性工作动机"激励因素，使导师关注本职工作，不断探索新领域，超越自我，最大限度地发挥自身能力，在持续性地创造与创新中取得教学、学术、科研等方面的显著成效。

3. 效果奖惩激励

奖惩作为一种强化激励，能够调动导师在各个方面工作的积极性，基于此，研究生导师评价工作在结果上可与晋升、奖励、选拔等挂钩。在奖惩激励中要不断突出正强化激励，可以通过奖励、表扬等方式刺激导师的"间接性工作动机"，弱化惩罚和批评的方式。另外，精神层面的奖励要与物质奖励结合起来，以科学、合理、有效的方式实施。评价结果要与绩效考核紧密地联系在一起，对可以定量评价的内容应进行定量评分；对不能进行量化的评价内容，可以进行二次量化处理，尽可能通过更明确的结果呈现导师的自身素质与能力水平。高校也可将评价结果与聘任联系在一起，使导师在日常工作中有更强的责任感，更好地完成本职工作。此外，在对研究生导师立德树人工作进行评价的过程中，还应加入榜样激励和领导激励等方式。

第二节　评价模型

1973 年，美国心理学家麦克利兰提出了冰山模型理论，其主要通过对个体素质的差异性表现进行分析，将其划分为动机、个人特质、自我形象、社会角色、基本技能、基本知识六个特质,[①] 如图 6-5 所示。

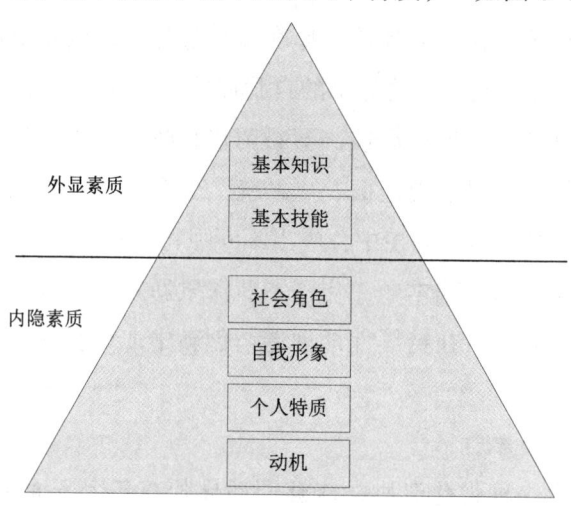

图 6-5 冰山模型理论

冰山模型意为个体素质如一座冰山一样，通常我们只能看到露出水面的一小部分，而个体素质中的绝大部分往往不易被察觉，同时，这一部分也更容易被人们所忽视。个体素质中显露在外面的部分称为外显素质，这也是人的基本素质，包括基本知识和基本技能。这两个素质可以通过一定的方法进行测量，便于进行量化分析和处理。个人通过学习或接受培训能够更容易地改变和发展自身的基本知识和基本技能。基本知识是个人在一个专业领域所具有的经验型信息和事实型信息。基本技能建立在一定程度的基本知识基础上，是通过全面、系统、深入的学习，运用知识或技术所达到的一个专业领域所需要的能力。

而个体素质中隐藏起来的部分被称为内隐素质，它是个体潜质素质要素，或称为核心素质要素，包括社会角色、自我形象、个人特质、动机。这些要素难以通过量化的方式进行测量，因为这些要素的构成与大

[①] 张淑春，田华. 基于"冰山模型"理论的高技能人才素质结构分析 [J]. 辽宁科技学院学报，2013（3）：56-57.

脑机能的生长有着密切的关联。人类大脑的内在结构，可以称作神经连接部分的"触突"，这些"触突"经过先天所得与后天塑造，到达一定年龄段后，就基本趋于稳定，不再改变。因此，一个人的潜在动机、个性、自我形象、价值观等在某种程度上是持久不变和与众不同的。其中，动机意指一个人不断渴望某一事物，进而付诸行动的一种内驱动力。个人特质意指个人身体素质受环境和各种外界信息影响所表现出的一些自身所具有的特点。自我形象意指一个人呈现在他人眼中或社会中的价值观以及自身的态度和自我印象。社会角色意指一个人在自身态度和价值观的基础上所表现出的行为和做事风格。

第三节　评价措施

研究生导师立德树人评价措施可以从六个方面展开：健全评价质量管理与评价组织、确定评价标准、加强信息管理、采用数理统计方法发现问题、对评价工作进行判断并提供合理评价输出、对评价进行循环检查。评价措施中包含了在评价过程中需要注意的问题。

一、健全评价质量管理与评价组织

研究生导师立德树人评价工作的质量需要进行全程管理和把控，同时还要不断健全评价组织，将相关责任和事务落实到人。

研究生导师立德树人评价工作的质量关乎评价工作最终结果的有效性，直接影响着评价结果是否有价值，因此，对评价工作全程的质量进行实时管理，能够及时发现评价过程中出现的问题，并第一时间提出解决方案，以确保评价工作顺利开展并得到有价值的结果。一个健全且完善的评价组织是保障研究生导师立德树人评价工作顺利向前推进的基础。

二、确定评价标准

在对研究生导师立德树人教育工作进行评价前，应当确定明确的评价标准。评价标准是评价工作中作用于评价对象的价值尺度和界限。评价的客观性因素是评价标准具有科学性的一个重要依据。在研究生导师立德树人评价工作中，评价标准是评价工作的核心，是人们对于研究生导师立德树人工作价值认识的一种反映。评价标准在一定程度上反映了人们所重视的部分以及忽视的部分。另外，评价标准能够引导评价主体在评价时，侧重于哪些方面，向哪些方面努力。

评价标准是价值观念中的核心要素，以价值关系为认识主体。评价标准的制定需要依据研究生导师立德树人教育工作的总体方向和价值取向来确定。在制定评价标准前，需要参照相关国家、地方、高校等对研究生导师立德树人工作的要求和规范，考虑立德树人工作目前的发展状况。同时，要考虑社会发展、技术进步、教学理念革新等方面的因素。评价标准中包含各方对研究生导师立德树人工作提出的新要求。

评价标准的制定应当有着明确的目的，秉持客观、理性、公正的原则，以事实为依据。评价标准的制定在符合实际工作情况的前提下，要具有一定的先进性，让评价主体和评价对象都易于理解、易于接受，具有更强的可操作性，应尽量将标准进行量化处理。评价标准应当与评价对象的工作能力及其所担任的职务相适应。评价对象之间的比较，应当在同等水平、同等职务、同等级别之间进行，坚持公平、公正原则，进行比较的各方要具有一定的可比性。

评价的时间或周期可以为定期，也可以为不定期。定期评价可以按年度进行，也可以在研究生完成研究生阶段教育之时，或是在研究生完整学业周期的中段进行。

三、加强信息管理

对于研究生导师立德树人评价工作来说，信息管理是其中至关重要的一部分，而信息收集的质量、准确性、代表性、全面性等是信息管理中的关键。

在研究生导师立德树人评价工作开展前，应当充分获取尽可能多的信息，通过各种方式、各种渠道，拓展信息的来源，让最终所形成的评价调整表更全面、更完善。

而后，将所收集到的各方信息进行整理、汇总，对其进行深入而全面的比较、筛选和分析，从中找到研究生导师立德树人教育工作质量提升的共性的和特性的、主要的和一般的因素，再从整体出发，结合客观条件，得出相应结果，最后进行反馈管理。

对信息进行管理的同时，还要及时对管理行为给予相应的反馈，通过反馈，随时把握管理工作中的不足之处，对于所出现的问题要通过有效的措施进行改进和提升，不断完善信息管理的效率和质量。

四、采用数理统计方法发现问题

本书前面已经提到，在制定评价标准时，要将可量化的指标尽可能地进行量化处理。因此，通过数理统计的方法，能够更清晰、更准确地发现评价工作中存在的问题。

更加量化的评价指标体系能够使评价结果更具科学性。在运用数理统计方法前，要保证所选用数据的真实性、全面性、可靠性、完整性和显著性，然后按照统计学原则，正确对统计资料进行逻辑处理。例如，以标准评价信息为参考，将集中整理和分析后的信息或数据与标准评价信息进行对比，得到出现偏差的程度以及分析出现偏差的原因。当偏差出现时，要确认偏差的程度是否在可接受的范围内，如果偏差不在允许范围内，则应当重点分析产生偏差的原因，确定是否应当将偏差程度过大的信息或数据剔除，以降低对整体信息的影响。

五、对评价工作进行判断并提供合理评价输出

统计信息与标准信息进行充分比对后，应当对结果进行描述性判断。可以利用百分或千分进行评定，也可以使用满意程度评定或是等级评定。判断标准一般应在收集信息前确定，以保证在收集信息时有方向性指导，避免盲目评价。

各种标准特征应尽可能统一为同一种判定标准，如"优、良好、一般、较差、差"或"A、B、C、D"等。评价的最终目标是改进研究生导师立德树人教育工作，因此，要充分利用评价结果，而后进行广泛的探讨、分析和交流，以利于激励研究生导师在立德树人教育工作上的积极性。对评价结果出色的研究生导师，应给予相应的表扬，对评价结果较差的研究生导师，则应给予相应的警告或处罚，并对其工作中需要改进的地方，提出相应的解决措施。

六、对评价进行循环检查

要实时对评价工作进行全面、细致、系统的循环检查。例如，检查评价标准指标是否完整、合理、科学；被评价者是否具有代表性，是否能够覆盖各个不同的群体；信息的收集是否能够充分反映研究生导师立德树人教育工作的实际情况，评价的方法和过程是否正确、合理、有效；统计信息与标准信息是否客观、真实、有效；进行判断时，所采取的标准是否一致；等等。

第七章 研究生导师立德树人评价主体与评价对象

第七章 研究生导师立德树人评价主体与评价对象

第一节 研究生导师立德树人评价的主体

在研究生导师立德树人评价工作中，涉及的评价主体主要包括社会各界、高校管理部门、同行专家、研究生导师自身、研究生及其家长。社会各界、高校管理部门和同行专家属于高校外主体，而研究生导师自身、研究生及其家长属于高校内主体。

一、社会各界

研究生导师除有培养研究生人才的职责外，还需要在学术科研方面有所成就。社会各界对其成就与表现的认可度能够反映研究生导师的综合素质与能力。

研究生导师立德树人工作主要是为了培养具有良好思想政治素质、社会责任心、专业能力、科研水平的高层次研究生人才。研究生毕业后要服务于社会，通过自身的才识与能力为国家、民族、社会作贡献。因此，社会各界能够通过研究生为社会作出贡献的表现，来了解研究生导师在立德树人教育工作方面的表现。作为研究生导师立德树人评价的主体，社会各界主要包括社会大众、各高校、科研院所和企业单位、媒体。

（一）社会大众

社会大众对研究生导师立德树人教育工作的评价可能更多的是一种整体性、综合性的评价，其通过从各种渠道获得的信息，如研究生导师所获得的各种荣誉、奖项、科研成果等对研究生导师进行评价，有时也会根据自己所获得的各方信息进行综合处理与分析，最终形成对研究生导师立德树人教育工作的评价。社会大众可以根据自己对研究生导师所在高校的整体印象和对高校了解的深入程度做出判断，同时还可以综合对研究生导师立德树人教育工作的认识程度来对研究生导师进行评价。

对社会大众这一类评价主体的选择，可以从对研究生导师立德树人工作有一定了解与认知，或是在日常工作和生活中与被评价的导师有过接触的人中选出，这样一来，评价工作才能收到应有的实效。

（二）各高校

其他高校中，所有管理层、教职员工、学生等都可以参与到某一个高校研究生导师立德树人评价工作中。相比于社会大众，其他高校的评价者对研究生导师立德树人教育工作有更深入的理解与认识。其他高校的研究生导师从事着相同的教学与科研学术方面的工作，对这方面工作的情况有更多的发言权，由于其与研究生导师立德树人评价工作有更强的关联性，因此，各高校这一评价主体在评价工作中的重要性要高于社会大众。

在针对各高校这一评价主体进行筛选时，应尽可能选择与被评价研究生导师所属的高校有较强相似性的高校，对评价工作了解程度越多越深入，最终所获得的评价结果就越趋向真实和准确。

（三）科研院所和企业单位

科研院所和企业单位作为研究生导师立德树人工作的评价主体，主要是通过研究生毕业后的就业单位对研究生的评价，来间接反映研究生导师在立德树人教育工作中的表现。研究生在科研院所和企业单位所表现出的能力、素质等方面通常会以综合能力表现出来，这也是研究生导师培养研究生的目的所在。研究生导师要通过立德树人工作，让研究生能够在未来的就业、创业或是科研领域有所作为，为国家、民族、社会、企业、组织作出应有的贡献。

在对科研院所和企业单位进行评价主体的筛选时，应当侧重于与开展评价工作高校有合作关系的科研院所和企业单位，以保证最终得到的评价结果更具说服力和真实性。

(四) 媒体

媒体作为研究生导师立德树人的评价主体，包含多种形式，如网络、电视、广播、报纸、自媒体等。媒体在报道与高校研究生导师相关的新闻前，会对导师所属高校、研究生导师、研究生等各方面情况进行广泛调查，收集一些相关联的信息，这些信息成为评价研究生导师立德树人教育工作的第一手资料。媒体所报道的这些信息也会不同程度地影响新闻资讯受众对研究生导师的印象和评价。无论什么类型的媒体，对研究生导师立德树人教育工作的认识都有着自己独特的观察和理解视角，因此，媒体参与评价工作可以丰富评价工作的维度。

对各类媒体进行筛选时，应当选择对相关高校研究生导师立德树人教育工作进行过调研、报道过相关内容的媒体。另外，对于不同类型的媒体，都要选取最有代表性的媒体人。总之，评价主体对研究生导师立德树人教育工作了解得越详细、越深入，最终评价工作所得到的结果就会越真实、客观、可信。

二、高校管理部门

从某种程度上来说，高校管理部门对研究生导师立德树人教育工作有一定了解，清楚研究生导师立德树人教育工作的目标和方向，在评价工作中有更大的话语权，能够从整体和更为全面的角度对研究生导师立德树人教育工作进行全方位的审视。

筛选高校管理部门的相关人员作为评价主体时，应着重考虑对评价工作有着深入了解、与研究生导师有着更多接触，或是工作中有更多交集的人员。

三、同行专家

同行专家对研究生导师立德树人教育工作有相当程度的理解与认识，长期从事教育工作，对研究生思想政治工作了解深入，有系统的认知体系，在长时间的工作实践中拥有足够的经验，不仅在思想政治教育的大方向上有整体性把控，同时对具体的工作实际也有自己的理解。

对同行专家进行筛选时，应当将学术亲疏和人情世故等因素考虑在内，用这些因素来考察同行专家是否适合作为合格的评价主体。一些同行专家可能由于学术亲疏或是学术鄙视链而对与自己学术观点相左的研究生导师作出不客观、不理性的评价；而对与自己同属一个学术阵营的研究生导师作出较高的评价。一些同行专家可能由于人情世故，对与自己关系不密切的研究生导师作出较低的评价，而对与自己关系密切的研究生导师作出较高的评价。因此，在筛选评价主体时，应当通过各种方式，尽可能地剔除主观因素的影响，精心设计评价流程或评价制度，让评价主体回归理性，作出尽可能客观、公正的评价，使得最终得到的研究生导师立德树人评价结果更真实、客观、公正。

四、研究生导师自身

研究生导师自身也应当对自己进行立德树人评价，以了解自身在立德树人教育工作方面的认知是否正确，与他人对自己立德树人教育工作的评价结果是否有偏差。可以说，研究生导师对自身立德树人教育工作的理解与认知最深，也最有体会，有诸多心得。同时也要看到，研究生导师对自己立德树人教育工作的认知可能会存在一定的偏差，评价也可能存在一定的局限性。评价工作的一个目的就是充分展现研究生导师对自己立德树人教育工作的认识，同其他人对其立德树人教育工作认识之间的偏差程度，从而能够让高校管理者与研究生导师自身清楚立德树人教育工作中还存在哪些不足之处，从最根本的认知层面出发，找到问题点。高校管理者能够通过评价工作所反映出来的认知偏差，调整自己在立德树人教育工作上采取的政策措施，以便更好地帮助和促进研究生导师立德树人教育工作不断完善。

研究生导师能够通过评价工作得到的结果，对自己立德树人教育工作有一个更加全面而深刻的认识，从而调整自身对于立德树人教育工作的认知，从根本上解决一些日常工作中的疑难问题。同时，评价工作也可能会帮助研究生导师调整立德树人日常教育工作中的教育方式、沟通方式等。从自我认知层面对自身立德树人教育工作进行调整，是一种根本的工作改进方式。一些长期遗留的问题可能最初均是由自身对立德树人教育工作的错误认知所导致的。

五、研究生及其家长

研究生导师立德树人教育工作的最终目的就是让研究生无论在当前的学习、科研阶段，还是在未来的就业和生活中都能够拥有一个正确的政治方向和人生方向，有坚定的责任心，有全面而专业的学术素养，成为一个对国家、对民族、对社会、对家庭都有用的高层次全面人才。因此，研究生作为接受研究生导师立德树人教育的对象，对研究生导师立德树人教育工作的认识自然会有更多深刻的体会，有更全面而具体的理解，有更多不同的自身感受。研究生对研究生导师立德树人工作进行评价，能够从很大程度上反映出导师教育工作的情况。因此，研究生是重要的评价主体，并且在评价工作中能够发挥重要的作用。

作为研究生导师立德树人教育工作的评价主体，对研究生进行筛选时，应当从不同类型的研究生中挑选出最具代表性的一部分。可以按学业成绩进行几个不同阶段的划分，从每一个阶段都挑选相同数量的人选，或是按学术研究成果的多少划分类型，抑或按参与社会实践活动的多少进行划分。总之，目的是要让所筛选出的研究生更具有代表性，能够真正代表不同层次的研究生，从而让研究生导师立德树人教育工作的评价结果更具有科学性和全面性，能在更大的范围内反映出研究生导师立德树人教育工作的实际情况，以更加客观真实的结果，提高评价结果的可信度。

研究生家长虽然对研究生导师立德树人教育工作了解的程度并不深，

与导师的接触机会也不多，但其可以通过自己孩子的所作所为以及身上发生的一些变化，来对研究生导师立德树人教育工作的情况进行评价。家长对于自己孩子有更深入的了解，知道自己孩子的本性，知道其整个成长和学习的过程，通过研究生阶段的学习，如果孩子身上发生一些变化，有了一些成长，无论在哪一个或哪几个方面，家长都能敏锐地发觉。因此，家长这一维度能够在某种程度上反映出研究生导师立德树人教育工作的开展情况。

对研究生家长进行筛选时，应当尽可能选择家中对孩子的成长和教育关注最多的一位，或是从孩子出生到长大陪伴孩子时间最长的一位，目的是尽可能选择一位对孩子成长过程了解最多的家长，如此一来，这一评价主体才更具代表性，才能有效保证研究生导师立德树人评价工作所得的结果更具真实性、科学性和合理性。

第二节　研究生导师立德树人评价的对象

研究生导师立德树人所评价的对象是研究生导师立德树人教育工作的过程和成效。研究生导师立德树人过程包括导师教学过程、导师科研过程，研究生导师立德树人成效包括导师教学成效、导师科研成效。而立德树人的过程和成效是评价对象中最为重要的两个方面，一个科学、严谨、合理、高效、系统的立德树人过程，能够得到显著的、有价值的、有意义的立德树人成效。

在研究生导师立德树人过程方面，主要包括研究生导师为研究生所提供的思想政治、品德素养、科学道德、学术诚信、学术科研、学术实践、身心发展、社会服务等方面的支持与帮助情况，侧重于研究生导师的工作范畴。在研究生导师立德树人成效方面，主要包括评价研究生思想政治表现、所获荣誉、科研能力、学术素养、科研成果、学校论文质量、参与社会服务活动等各个方面的情况,侧重于研究生的表现。

研究生导师立德树人教育工作的最终目的就是培养研究生在思想政治素养、学术科研、社会实践等方面的综合能力,进而为国家、民族、社会、企业单位奉献自己的才华与能力。研究生导师立德树人评价工作主要侧重于研究生导师为研究生成长成才付出的情况,以及研究生成长成才的情况两个方面。

第三节 评价原则

研究生导师立德树人评价工作应当遵循以下四点原则:系统性与针对性相统一、过程性与结果性相统一、精确性与模糊性相统一、全方位全过程全员参与。这四点原则分别从不同维度展开,以保证研究生导师立德树人评价工作能够科学、客观、全面、系统而有效。

一、系统性与针对性相统一

研究生导师立德树人评价工作应当注重系统性与针对性相统一,二者都要有所侧重。研究生导师立德树人评价工作的系统性是要保证其整体评价工作的逻辑性,流程环节的相互衔接性。与此同时,评价工作应考虑更全面的问题和更丰富的细节,不断完善整体评价体系。

特别需要注意的是,在保证研究生导师立德树人评价工作的系统性的同时,还要兼顾评价工作的针对性,对于想要侧重的评价内容,要有针对性地进行前期规划,并具体而细致地进行相关问题的设置。研究生导师立德树人评价工作既要保证其系统性、整体流程和环节的完整,每个流程与过程都有较强的衔接性,同时要针对所要改善与优化的工作内容,有侧重并有针对性地进行强调,提高关键性指标的权重。

系统性能为针对性提供必要的前提与基础,没有评价工作的系统性,针对性也很难体现出来。而研究生导师立德树人评价的针对性是系统性的一个有力补充，两者相互统一，能够让研究生导师立德树人评价工作既全面完整又有所侧重，让评价工作更加科学合理，既有逻辑性和全面性，又主次分明。

二、过程性与结果性相统一

研究生导师立德树人评价是一个系统而复杂的过程，包含研究生导师立德树人教育工作的方方面面，所涉及的范围也较广。因此，其评价过程也需要考虑多个方面和角度。对评价过程进行有效的管理与控制能够保证研究生导师立德树人评价工作最终得到更有价值的评价数据与结果。

对评价过程进行把控，对评价主体进行有效的筛选，不仅要保证各类评价主体的代表性，而且要保证尽可能更加全面地覆盖到各个部门和岗位，包含尽可能全的群体。在评价工作正式开始前，要做好评价的提前宣导工作，明确评价目的和评价原则，对需要解释说明的重要评价指标可以进行详细的阐释，对于评价过程中可能出现的一些问题要重点提出，以作提醒。另外，需解答评价者对于评价工作的各类疑问。关注评价工作的过程，是保证评价工作根本有效的方式。

对研究生导师立德树人工作过程性高度关注的同时，还要重视评价工作的结果性，一个科学、合理、系统、全面的评价过程有可能会得到满意且有价值的评价结果，但也有可能得到一个并不令人满意的结果，这就要求对结果性进行科学有效的管理和控制。研究生导师立德树人评价工作最终需要得到一个有价值，有意义的评价数据和内容，而后对评价结果进行分析和处理，以汇总出结论，更好地指导研究生导师立德树人教育工作。

在实际评价工作进行时，应当将过程性与结果性进行有效统一。在对评价过程进行管理和控制时，应当充分考虑是否能够便捷且有效地得到最终的评价结果，或是考虑如何能够通过对评价过程的控制，得到更有价值的评价结果。关注评价过程并不是一味地将注意力放到评价工作的各个流程和环节，而是要以评价结果为导向，对整个评价过程进行全流程的统筹和管理，将评价的过程性与结果性进行有效的统一。而关注评价结果时，或是最后对评价结果中的数据和内容进行分析处理时，应当充分考虑评价工作的过程和流程的具体开展情况，考虑评价过程这一因素对最终评价结果的影响。

三、精确性与模糊性相统一

研究生导师立德树人的教育工作具有抽象性与复杂性，因此，对研究生导师立德树人进行相关的评价包含丰富的内容。诸如学业成绩、出勤率、考博升学、毕业就业、论文发表级别和数量等内容均可以进行精确的测量，对这些内容进行评价也能够以数据的方式呈现。而另有一些内容如道德品质、政治觉悟、思想水平、学术素养、社会贡献等，则不能以数据的方式体现，其中学术素养包括学术诚信和学术规范，这些不能以数据的方式体现的评价内容，需要采用模糊评价的方式，才能让评价结果更趋于合理化。模糊评价可以采用等级划分的方法，如"A、B、C、D""优、良、可、差""一、二、三、四"等。

由于评价指标所属的性质与内容均不同，因此，针对不同评价指标，应当以不同的标准对其进行要求：对于可量化类评价指标，应以精确性对其要求；而对于不能量化的评价指标，应允许其模糊性。无论是评价指标还是最终所得到的评价结果，都会存在精确性与模糊性共存的情况，而二者的相互结合和统一才能够保证最后研究生导师立德树人评价结果的全面、科学、有效。

四、全方位、全过程、全员参与

高校研究生培养单位是国家和地方重要的高层次人才的培养场所，如何通过各种有效措施，不断提高立德树人教育工作的成效，是每一所高校和研究生培养单位以及每一位奋战在一线的教育工作者积极探索和亟待解决的现实问题。高校和研究生培养单位的主要任务就是培养德、智、体、美、劳全面发展的高层次人才。如何在高校和研究生培养单位内部的教学、管理、学生服务工作中进一步突出立德树人工作的重要性，最大限度地调动每一名教职员工的工作积极性，再结合研究生导师自身的实际情况与能力，让其自觉而主动地将立德树人工作真正落到实处，取得更突出的教学成果，是每一所高校和研究生培养单位最为主要的任务和目标。

要实现这一重要的教学任务和目标，立德树人教育工作是重中之重，立德树人中"立德"是前提，研究生先要明白如何做人，知道要成为什么样的人，知道如何成为一个对国家、民族、社会、组织、家庭等有用的人。

高校和研究生培养单位需要找到一个既操作简单，又具有很强的可操作性，且更为有效的思想政治工作方法，使得研究生导师立德树人评价工作能够以高效率、高质量、可操作性强、更实用的方式落实到位，且相关的评价工作顺利开展并实施。"三全育人"是实现这一目标的有效途径。"三全育人"即"全方位、全过程、全员化思想政治工作法"。这里提到的全方位意指高校的每一项工作中，每一个流程和环节中，每一个部门；全过程指从研究生入学到毕业的整个过程；全员意指高校内部每一位教职员工，包括高校的管理层中的每一员，也包括全体研究生。

以下将从"三全育人"的基本要求、基本思路和基本方法三个方面具体阐述其详细内容。

（一）"三全育人"的基本要求

第一，要将育人的目标、任务、责任分解、分配落实到位，同时兼顾过程育人、全员育人的同步推进，把育人的目标、任务和责任通过责任制的形式落实到"三全育人"工作的每一个责任人，让每个人都将思想政治工作放在重要的位置，创造必要的育人条件，奠定一个良好的培养人才的基础，提供重要的育人保证。

第二，无论对高校管理层，还是对研究生导师个人都要制定明确的指标体系。对于在研究生导师立德树人评价过程中教学质量出众、效果突出的研究生导师，应当给予相应的奖励，鼓励其在教学工作中继续取得更大的进步。而对于在教学评价过程中表现欠佳的研究生导师，应当予以相应的惩罚。

立德树人的评价指标应当每年都进行调整和补充，或是根据实际情况进行相应的动态调整，以不断适应国家和社会对于研究生立德树人教育工作的要求。在实际的研究生立德树人教育工作中，要不断提高其教学标准和要求，让相关工作迈向更高的层次，不断提高研究生导师立德树人教育工作的质量与水平。

第三，要有逻辑清晰的思路，操作简便，实用性强。在研究生导师立德树人评价的过程中，不仅高校管理者和研究生导师要有明确的目标，研究生同样要有自己清晰的奋斗目标，并且所制定的目标要简单易行，还要具有极强的可操作性。另外，研究生导师立德树人评价工作中的各个参与方都应当有足够强的信心能够达到评价工作所要求的标准和水平。在评价工作中，激励作用同样不容忽视，教育工作要与激励相统一、相协调，以促进"三全育人"工作的顺利开展。

（二）"三全育人"的基本思路

第一，在"三全育人"的教育工作中，应当将教育与管理工作有效地统一于一体，将人才教育和管理工作进行有效的衔接。通过各种管理手段，促进教育工作有序开展，让教育工作落到实处，成为有效教育。

第二，通过目标责任制建立起全方位、全过程、全员化的育人工作机制。以目标为导向，确定有效教育的发展方向，建立起一个科学合理的工作运行机制。

"三全育人"的基本思路是对研究生进行合理的教育，从思想入手。对研究生的教育，既包括系统教育，也包括日常教育。必须重视教育的重要性。同时，要紧紧抓住教育管理工作，教育工作的开展并不是盲目的，而是需要有严格的管理做推动，加大教育工作的力度。将教育与管理进行有效的结合，能转变为有效的教育。研究生从入校第一天开始，到毕业离校为止，学业、科研、实习、就业等一系列环节，都需要思想政治工作。对于高校来说，不仅要从各个方面推进研究生思想政治教育工作，在整个教育工作的流程上要严格把关，注重教育的管理，以制度化、流程化不断推进思想政治教育工作顺利开展，而且要动员全体教职员工参与其中，将立德树人教育工作渗透到研究生教育工作的方方面面。从高校的整体出发，通过高校各个方面的资源、人力、财力等的投入，将立德树人教育落实到每个部门中，落实到每一项工作中，落实到每个人身上。

（三）"三全育人"的基本方法

1. "一严"——严格责任

严格责任，在高校研究生"三全育人"方面，每一级都要进行严格的目标责任制管理。要将育人工作的总体目标、任务、责任以及奖惩办法，分解细化到学校的每一个部门，落实到每一位具体的责任人身上，出现任何问题，都应由责任人承担相应的责任。责任人要对自身职责和任务进行严格把关，对育人工作既要有硬性的量化数据要求，也要有相应的监督管理办法，并随时进行管理方式的调整。

2. "两制"——"一岗两制法"

行政管理者要在推行行政工作责任制的同时，严格把握思想政治工作的责任制，把立德树人工作持续向前推进。思想政治工作与行政工作一同开展，奖惩措施要同步进行。"一岗两制法"的出现主要是为了解决现实教育工作中存在的一些突出问题，如政工人员在做思想政治工作时，脱离具体工作的实际情况，没有从实际出发。另外，行政管理者只是考虑自己的行政管理工作，而对研究生的思想政治工作涉及很少，没有将行政管理工作与学生的思想政治工作进行有效结合，导致学生的思想政

第七章　研究生导师立德树人评价主体与评价对象

治工作不能得到彻底的落实与贯彻。在高校中，无论是高校的管理者，还是教职员工，都要切实地把研究生的思想工作，特别是立德树人的教育工作摆在首要位置，如果只是一般性地宣传与号召，不能达到应有的目的和效果，还要将具体的立德树人教育工作放到本职工作中，科学有效地开展具体工作。

将研究生导师立德树人教育工作与本职工作进行结合的同时，还要在一定的约束与管理中将其实施并落实，其中的约束就是"两制"的具体内容。如此一来，就能有效地解决两手不能同时硬的问题。

3."三个五"——五个系统目标、五种手段、五个方面工作

（1）五个系统目标。

①学生培养质量目标，包含德育工作目标。研究生导师立德树人教育工作的主要目标就是从质量上不断提高学生的能力与水平，其中更为重要的是研究生的德育教育工作。

②班级建设目标。进行班级建设，要从各个方面和各个层次开展工作，根据班级实际情况设定更为具体的目标，以目标带动班级学习发展的相关工作，更有针对性地开展一切与班级建设相关的工作。

③学风、校风建设目标。学风与校风建设是研究生导师立德树人教育工作的重要组成部分，应当摆在突出位置，具体目标的制定应当根据高校具体情况，有针对性地尽可能包含更广泛的范围，力求全面，同时要深入高校教育工作的各个具体方面，让学风和校风建设目标与高校日常教育工作紧密衔接。

④第二课堂、校园文化活动建设目标。在第二课堂、校园文化活动建设目标制定的过程中，要充分考察研究生的课内和课外学习、生活、实践、就业等各方面的情况，对研究生要有尽可能全面而系统的认识。对研究生日常情况掌握得越多，所制定的第二课堂和校园文化活动建设目标就会越接近于研究生的实际需要。

⑤文明守纪、精神文明建设目标。在文明守纪、精神文明建设目标

的制定上，要对研究生的文明行为和规范有更深入的了解，将精神文明建设与高校其他教育工作相融合，让高校精神文明建设真正落到实处。

（2）五种手段。

①逐级签订目标责任书，落实目标责任制管理。以目标为导向，将每项具体目标落实到具体负责人身上，由具体负责人对目标责任进行管理，监督目标的达成情况。

②不能实行目标责任制管理时，应实行量化达标考核。对于不适宜或是不能推行目标责任制管理的，应当以量化数据对相关工作进行达标考核，尽可能制定更为精确的目标，以目标责任制的管理措施不断推进"三全育人"工作的顺利开展。

③"三谈三汇报"制度，即年初、学期初、月初，由处、室、部负责人，各位辅导员、班主任在工作会上商讨计划和任务，研究落实办法。年终、学期终、月终，在工作会上汇报计划和任务的落实情况、存在的问题、未完成的原因和责任归属。

"三谈三汇报"制度的整个流程让"三全育人"工作实现了完整的闭环，从计划与任务的制订到最后汇总完成的情况，从中发现存在的问题，对于计划和任务未达成的原因进行充分的分析，将相关责任落实到具体负责人身上，了解计划和任务在实施的过程中出现的问题，对问题进行分析与归类，提出相应的解决思路与想法。"三谈三汇报"制度必须按照正规的流程逐一开展，进行闭环管理。

以上三种手段能够让各级管理者在工作中有一个清晰的工作思路、明确的目标划分，能够将责任落实到具体的责任人，提高工作效率，让育人工作真正落实到位，这也是真正实现全方位、全员化育人的重要手段。三种手段从制度管理到达标考核，再到具体工作的开展内容和方式，都做出了明确说明。目标的设定为育人工作的开展提供了一个明确的方向，目标责任制的落实与责任人的职责进行绑定，最大限度地保证了目标的达成。"三谈三汇报"制度在整个流程上进行了详细的规定，让育人工作的开展有路径可寻，增强了实际工作中的操作性。

④劳动课制度。即让学生通过参加学校的服务和管理工作真正实现自我教育、自我管理、自我服务的制度。劳动课制度将研究生的实践活动进行制度化处理，保障了研究生实践活动能够长期且稳定地开展。在各种学校服务与管理的实践工作中，研究生能够发现自我，检验自己的所学知识与理论，实现自我价值，能够通过实践活动进行自我教育，逐渐完成对自我的管理。

⑤每周开展一次班主任辅导员例会，一次全班学生例会制度。在例会上，进行事前和事后教育，对上周工作进行总结，解决相应的问题，了解学生各方面情况，这也是全过程育人的一个重要的手段。通过建立更多与学生沟通交流的平台，导师能够对学生的情况有更多的了解，对学生学习和生活的情况掌握得越多，"三全育人"工作开展的效果将越好。定期组织学生进行沟通交流是"三全育人"的基础性工作，能为"三全育人"工作的全面开展提供一手信息，能够让"三全育人"工作更具针对性。

（3）五个方面工作。

①思想上促，舆论上导，制度上保。对工作中意识不足、主动性不充分、认识不清晰的导师，要通过各种方式和手段促进其提高对育人工作的认识，提升工作的积极性与主动性，加强宣传引领工作。通过充分利用高校广播、通报、报纸、网络等媒体平台，对日常行为和事件进行引导和督促，牢牢抓住建章立制的基础性工作，用制度对日常行为和事件进行约束，规范和督促相关不文明行为，为育人的具体工作提供有力的制度保障。

以上三个方面，前两点是思想政治工作范畴的内容，第三点属于管理工作，只有将三个方面的工作进行有机结合，才能真正形成有效教育，最终保证育人工作开展的效果。思想上的促进是主要内容，舆论上的引导是育人工作的辅助，制度上的不断完善是有力的保障。

②严格标准、检查与奖惩。在实际工作中，只有将标准定得稍高，定得更为严格，检查过程中才能有依据，才能进行更为严格的管理。只有在检查中执行更为严格的标准，才能让相应的指标切实落地。严格奖惩举措，相关政策、制度才能更好地发挥出促进和导向性作用，同时，规范作用也才能得到充分发挥。以高标准、严要求对育人工作进行把关，良好的风气与工作氛围更容易形成，进而各个工作环节的问题会更少，如此一来，就形成一个良性循环。如果在工作开始的阶段疏于管理，则工作环节中的问题会越来越多，不好的风气就会形成，甚至各个环节的问题会更多，导致恶性循环。另外，在整个工作环节中都要实行严格的管理，这有助于育人工作自始至终都能维持在一个较高的水平和质量上。

③入学教育、日常有效教育和毕业离校的工作。高校在研究生一入学时，就应当为其营造一个良好的学习氛围，全面、明确、及时地为研究生提供有效教育，这也是高校日后进行全过程教育和全过程管理的一个开端，同时也是一个重要的基础。

学生的日常教育工作和管理工作是一项较为复杂的系统工作，同时日常的有效教育工作也更为琐碎，包含诸多细致入微的环节。如果研究生能在一个稳定、舒适、安心的环境中学习和生活，其学习积极性就会被充分调动起来。日常有效教育是研究生整个教育环节中的关键部分，发挥着重要的作用。

在高校毕业季，校园招聘工作是高校培养"四有新人"整个过程中的最后一个环节。研究生能否通过几年学习和实践培养出的能力与素养让自己找到一份好的工作，踏实地迈出人生理想的第一步，对于高校教育来说是一项重要的内容。这能够间接地反映出高校研究生教育的水平和质量，能够有效地表明高校是否给予研究生高质量的教育。招聘单位能从研究生身上感受到其展现出的整体素质、思想道德素养、知识素养等多方面素质。另外，毕业生在就业方面的整体表现也会间接地影响在校研究生的学习和生活，对在校研究生会产生一种间接性教育，并且这种影响有时会发挥重要的作用。

以上所阐述的三个环节是高校进行全过程育人的重要环节，高校管理者必须对其高度重视，紧抓不放松，并且要贯彻到育人工作的始终。

④校园文化活动工作。处于研究生阶段的学生正处于活力四射、青春无限的时期，正需要多彩而丰富的校园文化活动。高校应当为其提供足够的空间和平台，满足这一时期研究生的生理和心理所需求。丰富多彩的校园文化活动有着较强的感染力和吸引力，同时它也是思想政治工作重要的承载方式，其还兼具育人、娱乐、导向、社会服务等多种功能。

校园文化活动能够有效地抵制不良的社会风气，弥补第一课堂中的不足之处，有利于帮助研究生将各项素质内化，能够优化并完善学生的成长环境，形成良好的校园风气。同时，这也是研究生全方位教育的重要内容，能够有效地培养研究生的综合素养。因此，高校应当加大对校园文化活动的关注度。

⑤对班主任、辅导员、学生干部的管理、培养及教职员工的言传身教、为人师表的工作。在高校内，除了学生之外，每个人都可以是对研究生施以教育的主体，每个人也都有责任在研究生立德树人教育工作中贡献自己的智慧与能力，甚至研究生自身也可以进行自我教育，从自身实际出发，对自己进行有针对性的教育。但需要注意的是，在全员育人的工作中，如何能够更好地协调本职工作与育人工作的关系，如何能将育人工作更好地融入本职工作，通过本职工作的输出，更为有效地将研究生立德树人教育工作深入有序且可持续地向前推进，是摆在高校管理者与研究生导师面前的一个重要的且亟须解决的问题。

以下所阐述的五个系统目标，要想顺利且高质量达成，需要通过前文提到的五种手段完成五个方面的工作来具体实现。在"三全育人"的实施过程中，教职员工和研究生必须明确，"三个五"是最基本的工作目标，必须通过最基本的手段保证最基本的工作顺利完成，这也是"三全育人"工作的核心内容。

第八章 研究生导师立德树人评价实施与反馈

第八章 研究生导师立德树人评价实施与反馈

第一节 评价实施

研究生导师立德树人评价工作的实施可以具体分为十个部分，主要涉及评价工作组委会的大部分工作和职责。

一、组建研究生导师立德树人评价工作组委会

在进行研究生导师立德树人评价工作前，需要先组建一个结构合理且高效运转的评价工作组委会，明确组委会的相关规定与章程，确定评价工作的各项职责，并将各项工作的具体内容落实到每个人身上，以责任进行划分，既要将总体工作目标进行分解，又要让每项具体工作之间有清晰的关系连接，总体上不能脱离评价工作的总目标和总要求。

评价工作组委会的负责人把控评价工作的整体协调与分配，统筹安排一切灵活机动事务，让评价工作有序高效地向前推进。组委会负责与各个研究生导师立德树人评价工作相关方进行沟通与联系，做好评价的前期准备工作。

评价工作组委会成员可由各个研究生导师立德树人评价工作相关方的代表组成，但应当满足一定的标准，因此要对申请人员进行严格的筛选，以组成强有力的组委会，保证研究生导师立德树人评价工作高效、有序、科学、合理地开展。

二、明确评价目标

组建评价工作组委会后，首要工作就是确定评价目标。研究生导师立德树人评价工作的目标是衡量导师立德树人教育工作的成效与进展，为导师今后工作提出指导性建议。

研究生导师主要的教育目的是培养研究生成长成才，使其具备高尚的道德情操，树立远大理想，以富强国家、复兴民族为己任，拥有强烈

的责任心和服务社会发展的意识，为中国式现代化贡献自己的青春和才智。与此同时，还要有专业的学术素养、创新性的想法与思维、自主探索和研究的意识。导师应在立德树人方面给予研究生最大限度的鼓励与支持。

评价目标的确立应由评价组委会成员共同商讨确定，如难以确定，可进行投票表决。评价目标一旦确定，后续所有评价工作都应以这一评价目标为工作核心，并服务于这一目标。

三、通过调查问卷方式确定评价指标并构建评价指标体系

在明确的评价目标的指引下，需明确所要评价的研究生导师归属哪个学术或专业领域，进而根据高校对研究生导师立德树人教育工作的要求，列出预期评价研究生导师的工作内容。

确定了研究生导师的基本情况及高校立德树人工作的要求后，评价组委会开始筹备构建评价指标体系。首先，组委会应当共同商讨起草一个初步的评价指标框架。根据研究生导师立德树人日常教学、学术科研、社会实践等工作情况，从中提炼出主要的工作内容。对于起草的初步框架，组委会内部应进行充分探讨：研究框架中是否已包含研究生导师立德树人教育工作的主要内容，是否已将国家对研究生导师立德树人教育工作的政策要求纳入其中，是否已将高校对研究生导师立德树人教育工作的总体要求与规划纳入其中。在经过几次反复调整与修改后，最终确定初步的评价指标框架。

其次，通过调查问卷的方式确定评价指标框架。一方面，要确定调查问卷发放的对象，可以先确定发放对象的群体类型，如社会层面、高校管理者、同行专家、研究生导师、研究生及家长等，在不同群体类型中，再选取最适宜的发放对象。另一方面，要确定发放的方式，如是通过纸质问卷形式，还是通过线上电子问卷的形式，可根据实际发放对象的最适宜接受情况而定。

确定调查问卷发放对象后，要向对方先发放一份函询表，征求对方是否愿意参与此次调查问卷活动，得到对方同意后，再向对方发放初步确定的评价指标框架。被调查对象可以在这一指标框架的基础上，做进一步修改和调整。同时，可以根据自己对研究生导师立德树人教育工作的认识与理解，构建自己认为合理的评价指标框架。

评价组委会将收回的调查问卷进行汇总和统计，将各方意见进行整理结合，整理出修改后的评价指标框架，在组委会内部进行充分讨论，再结合高校对研究生导师立德树人教育工作的总体要求等各方因素，最终形成修改版评价指标框架，第二次向调查对象发放，以征求意见。组委会再根据这次意见，最终确定评价指标体系。

四、确定评价方法

在确定评价指标体系后，需选取科学合理的评价方法，对几种评价方法进行筛选，其中，360度反馈法可以对研究生导师立德树人教育工作进行全方位评价，也可以再结合其他评价方法的理念与思路进行评价。

五、选定评价模型

研究生导师立德树人评价工作可以选用冰山模型对导师的内隐素质和外显素质进行全方位评价。从冰山模型中能够轻易看出，外显素质是研究生导师最基本的素质，通常在评价时更多地通过量化数据体现。一般来说，内隐素质不易通过量化的数据进行呈现，但内隐素质却是研究生导师立德树人教育工作中应具备的最为重要的素质，如道德品质、职业操守、责任心等。研究生导师立德树人评价工作的核心工作也应侧重于对导师的内隐素质进行评价，这部分在评价内容中所占的比重也应当最大，满足了国家和高校对研究生导师立德树人教育工作的总体要求和未来规划。

六、确定评价主体和评价对象

当前期评价工作都已确定，需确定各个评价主体。首先要确定所选取的评价主体的范围，可由评价工作组委会商讨确定，主要涉及社会各界、高校管理部门、同行专家、研究生导师、研究生及其家长等，其中研究生导师意指进行自我评价。社会各界中又可细分为社会大众、各高校、科研院所和企业单位、媒体。再从不同群体的评价主体中，选取符合评价工作要求的对象，这中间所选取的评价对象可以与调查问卷发放的对象相同，也可不同，前提是要满足评价工作的标准要求。

评价工作中的评价对象是研究生导师立德树人教育工作的过程和成效，以及导师立德树人工作的成长度和未来的发展程度。

七、发放评价表并实施评价

当研究生导师立德树人评价工作已准备就绪，就需要正式发放评价表并请评价主体实施评价。在这之前，可以先对评价主体进行评价前注意事项的解释、宣讲与答疑，评价组委会应将在评价工作中可能出现的问题、需要注意的相关事项予以强调，如如何有效地避免评价主体加入过多个人主观因素。组委会可以专门制作一份评价注意事项清单，与评价表一同发放到评价主体手中。评价主体应在阅读完注意事项表后，再正式填写评价表，并客观、公正、理性地完成评价表。

八、回收评价表并进行信息与数据的汇总和整理工作

评价主体在完成评价表后，组委会对表进行回收，统计和汇总评价表中的数据和信息，最后形成评价结果报告。

九、对评价主体进行评价反馈

将评价结果报告反馈给各个评价主体，帮助评价主体对研究生导师

立德树人教育工作有更深入的认识与了解，在今后研究生导师立德树人教育工作中，能够给予更多的支持与理解，让相关的一系列工作都能顺利推进。

当然，在向评价主体进行评价反馈时，也可再进一步问询其在参与研究生导师立德树人评价工作中的一些感悟和收获，以及对于未来研究生导师立德树人教育工作发展与规划的一些新想法或有价值的建议。

十、评价改进措施

在研究生导师立德树人评价工作都完成后，评价组委会要对全部评价工作进行全面总结和梳理，总结其中的遗漏和不足之处，探讨改进和调整的措施，以便为未来相关的评价工作提供有价值的指导。组委会可以将所有零散的经验与改进进行汇总，形成一份研究生导师立德树人评价工作的总结报告，为日后工作的改进和顺利开展提供重要的参考依据。

第二节 评价反馈

评价反馈在研究生导师立德树人评价工作中是十分重要的一个环节，其能够为参与评价工作的各方提供更为全面、标准、合理的评价结果。通过评价结果报告，评价主体能够对研究生导师立德树人工作有一个更为全面、清晰、深入的了解。以下将对各评价主体的评价反馈情况进行详尽的阐释。

一、对高校管理者的评价反馈

最终所得到的研究生导师立德树人评价结果，以报告的形式反馈到高校管理者的手中。高校管理者能够通过评价结果报告，对研究生导师立德树人教育工作有一个更为全面、系统、深入的认识，从而在制定与研究生导师立德树人教育工作相关的政策时，更清楚政策的着力点，更容易通过评价结果报告中所呈现的问题或是积极因素，明确未来立德树人工作的发展和改进方向，找准在具体教学和学术科研方面的侧重点。

评价反馈是一种加强高校管理者对研究生导师立德树人教育工作了解程度的方式或措施。在日常工作或生活中，高校管理者应当加强同研究生导师的沟通和交流，建立一套更为稳定而持久的沟通协调机制，定期通过各种形式的活动或会议，加深对导师各方面工作的了解与认识，同时要让导师对高校管理者针对导师立德树人教育工作的未来规划有一个整体性的认识，让导师能够将自身的教学规划与高校教学未来的发展相统一，形成良性的协同发展局面。

二、对评价组委会的评价反馈

通过评价结果报告，评价组委会能够清楚地认识到自身在组织研究生导师立德树人评价工作中的一些可取和不足之处。站在评价组委会角度，对评价结果报告有不同维度的认识，能够分辨其中哪些信息和数据具有真实性和更高的代表性，哪些对研究生导师立德树人教育工作更具有参考价值与指导意义。

评价结果报告中所反映的可取之处能够帮助评价组委会在日后的评价工作中，坚持原有的评价方式和评价流程。而针对不足之处，评价组委会将会调整所涉及的相关评价内容，改进与之相关的评价方式和评价流程，以便能够得到更适合评价工作开展的措施和方法。

最终的评价反馈只是一种反馈方式，评价组委会不能仅依靠这一环节，或是仅通过评价反馈来指导和促进评价工作的改进。在评价工作前期准备阶段，评价组委会就应当时时、事事留意评价过程中随时出现的问题，对于一些微小的问题，可以随时进行处理和解决，而对于系统性问题，或是一时不容易解决的问题，可通过组委会会议商量讨论，最终得到最为科学、合理、有效的解决方案。另外，一些问题的解决方案并不是只能解决当前出现的问题，对于与之相类似的问题，也可能同样适用。因此，评价组委会的工作要更加灵活多变，不局限于一个方面，要及时总结评价过程的经验，并将其应用到评价工作的实践中。

三、对评价主体的评价反馈

评价结果报告对评价主体的评价反馈，能够促进评价主体更加客观地认清自己在评价工作中的表现，发现一部分评价结果中的主观因素，而规避一些主观因素的影响则需要通过评价组委会对评价方式和评价指标进行相应的调整，对评价流程进行合理设计，最大限度地规避主观因素的干扰。

对于评价主体的评价反馈，可以针对各个不同层次的群体分别进行阐释，以便于更深入而全面地理解评价工作对各个不同评价主体产生的积极影响。

（一）对社会各界的评价反馈

对社会各界的评价反馈，包括对社会大众、各高校、科研院所和企业单位、媒体四个部分的反馈，下面将对各部分进行展开分析。

1. 社会大众

社会大众在进行研究生导师立德树人评价工作时，已经对研究生导师立德树人工作有了一定程度的了解与认识，通过评价反馈这一环节后，进一步加深了对导师教学和科研工作的认识和理解程度。社会大众将认识到自己对导师立德树人工作的评价与整体评价间的差异性，会对两者间评价的不同结果进行分析和思考，比如思考其中存在差异性的原因是什么，是对导师工作认识的主观因素造成，还是对导师工作所掌握的信息量有限所导致。但通常来说，人都存在主观判断，在对他人或事物进行评价时，都不可避免地加入自身主观因素。如何通过一些措施和方法将自身的主观因素所占比例降到最低，是评价主体所要重点考虑的问题。

2. 各高校

各高校对研究生导师立德树人教育工作有着一定程度的认识，因此，对导师的教学和科研工作的评价会更加客观和深入。但需要注意的是，其他高校基于自身的认知和理解，对导师工作进行评价时，可能会局限于教学或是科研的一个或几个方面，而对导师的综合性评价可能考虑得不会特别全面。相比较来说，其他高校毕竟一直从事相关的导师立德树人教育工作，对这方面工作的认知与理解总是会高于其他评价主体的。

评价反馈会让其他各高校认识到自己评价与总体评价的差异性，在未来相类似的评价工作中，这些宝贵的经验会帮助其他高校以更科学、客观、专业、全面的方式完成评价工作。

3. 科研院所和企业单位

科研院所和企业单位对研究生，尤其是在其处进行科研或工作的研究生有更深入的了解。研究生在科研院所的科研能力、学术修养、人品素质等方面的表现，能够间接反映出研究生导师对其培养的能力及付出的程度；研究生在企业单位从事具体实践工作时，表现出的工作能力、专业水平、集体意识、社会责任感等方面能或多或少地反映出研究生导师在立德树人教育方面付出的努力。

评价反馈对于科研院所和企业单位的意义在于，他们能够认识到自身评价与所有评价主体对研究生导师立德树人教育工作的认识之间的差异，从中能够更深入地理解研究生导师立德树人教育工作的更详细内容，更清楚一名研究生通过高校的教育，是如何成才，如何被培养成为一个有用的高层次人才的。相反，对研究生的理解和认识程度也会更深刻。日常研究生所表现出的一些行为与思想，可能并不能代表其真实的素质，科研院所和企业单位可以为其提供更多的科研或工作的机会，让其充分展现自身的能力与水平，增进彼此间的沟通与了解。随着研究生在科研院所和企业单位有更多科研和工作实践的积累，研究生也会对工作单位及其管理者有更加深入的了解。

4. 媒体

将评价结果报告反馈给参与研究生导师立德树人评价工作的媒体，能够让相关媒体对研究生导师立德树人教育工作有一个更为理性且全面的认识。当然，由于媒体自身的工作性质，本身对所报道的各种事件或人物都会有比较系统而专业的了解，但媒体自身也会存在其职业的局限性，如媒体可能会了解很多信息，却不能从更多的角度来审视研究生导师立德树人教育工作，因此，所掌握的信息仍存在局限性。评价反馈能让媒体看到更全面的信息，媒体对研究生导师有更深入的了解，认识得越全面，掌握相关信息越多，日后在进行相关方面的评价时，会更趋于客观、专业。

媒体所处的角色不同于其他评价主体，其在社会上有很强的传播力和影响力，一些评价主体本身对研究生导师立德树人教育工作了解的信息不是很全面，或了解得不够深入，可能会通过媒体渠道了解更多相关的信息，以补充对研究生导师立德树人教育工作的认识。因此，媒体对于研究生导师立德树人评价工作的影响，不仅局限于自身对导师教育工作的评价，可能还会通过对其他评价主体的影响，而间接影响最终评价工作的结果。

（二）对同行专家的评价反馈

对同行专家进行评价反馈，能让其认识到自身对研究生导师立德树人教育工作的认知局限，不断完善其对导师工作深入而全面的认识。虽然同行专家对研究生导师立德树人教育工作有更专业且深入的认识，但也可能这种认识与理解只存在于其专业或学术领域，更侧重于学术科研范畴，而对于研究生导师在立德方面对研究生施以的教育以及所付出的努力，其可能并不能直接感受到，或是所知甚少。通过评价结果报告，同行专家能够更全面了解研究生导师除在学术和科研上的成就外，在培养研究生思想道德品质、社会责任心和责任感方面是否仍有着同样的成就和表现。在立德树人教育工作中，立德是最为重要的内容，也是首先要考量的内容。导师在道德品质和思想觉悟上表现突出，所培养的研究生同样在这方面有出色的表现，表明导师在立德方面工作优异。

（三）对研究生及其家长的评价反馈

对研究生及其家长的评价反馈，是评价反馈十分重要的一部分，反馈的目的就是让评价主体对自己的评价有一个更为全面的认识，比较其中存在的差异性。虽然在研究生导师立德树人评价时，研究生及其家长均是根据自己当时对研究生导师教育工作的认识而做出的真实评价，但其中也存在一定程度的主观因素以及自身认知局限所带来的认识的片面性，这些都会或多或少影响着最终评价工作的结果。评价反馈在一定程度上能够纠正这种片面性，帮助研究生及其家长对导师有更清晰的认识，以利于在今后的教育工作中，加深他们彼此间的深入了解。

研究生导师立德树人教育工作针对的就是如何培养一名合格而优秀的研究生，无论从学术科研层面，还是从思想品德方面，导师应当尽可能将研究生培养成为一个更全面、更专业、更具竞争力，有思想、有责任感、有作为的新一代高层次人才。因此，对于研究生导师立德树人教育工作，可以说研究生更有发言权；对于导师的表现，研究生的评价更为直接，感受更深，所包含的方面也更全面。

通过导师立德树人评价反馈，研究生能够更深入地认识到导师立德树人教育工作中之前没有注意到的各个方面，理解导师在日常教学和生活中的一些指导与教诲，有利于导师立德树人教育工作的顺利开展。研究生能够成为对国家、民族、社会、集体、家庭有用的人才，不仅对于研究生本人有意义，对于导师来说，同样有着积极的意义，这也是研究生导师教育工作的使命所在。

研究生家长通过评价反馈对研究生导师立德树人教育工作有了更多的了解，能够有效地减少彼此间存在的相互理解不足问题。家长对研究生导师的工作更加支持，研究生导师的教育工作也更易于开展。此外，无论在教学科研，还是在社会实践活动的组织上，导师的一些想法也更容易实现,形成一个良性循环的教学氛围,日常的教学工作、学术科研、实践活动等事宜出现的问题也会更少。在一个轻松舒适的学习和科研环境中,研究生能够得到更多学习和实践的机会,研究生导师自然也能够得到更多的成就感,研究生导师立德树人教育工作也将更容易开展。

四、对研究生导师的评价反馈

在研究生导师立德树人教育工作的评价中,对研究生导师进行评价反馈是最关键的环节,毕竟评价工作主要就是围绕研究生导师实施的。导师在立德树人教育工作中表现如何,一方面导师对自身有一个最基础的认识,通过自我评价的方式表达;另一方面是其他评价主体对自身教育工作的评价。

通过评价的方式,能够让研究生导师沉下心,思考自己平时在教学、科研或立德方面的可取之处及不足之处。导师的自我认识与理解可能只是了解和认识自我的一种方式,而把这种认识落实到评价过程中,能够让导师对自己日常表现和教学等方面的行为进行系统的梳理,将一些分散的认知与想法综合到一起,使其自我认知更全面、更系统、更客观、更理性,所带来的这些改变可为日后教学、学术科研、思想政治教育等方面的工作提供宝贵的经验。

从研究生导师立德树人评价工作中能够发现,导师需要对自己教学工作有更加清楚客观的认识,以帮助自己在日后的教学工作中,不断提高教学的质量与水平。通过评价反馈,导师能够更清楚研究生对自己的一些想法与认识,能够看出研究生对导师的一些期待。随着社会的发展,技术的不断进步,人们的沟通交流方式也在发生着变化,导师需要及时了解研究生的思想动态,了解通过什么样的方式能够跟研究生更融洽地沟通与交流;以什么样的教学方法能够让研究生更高效地掌握所学的基础知识;以什么方式能够最大限度地激发研究生的创新力和想象力,尤其在进行学术科研方面;如何能够彻底打开研究生的思维,充分展现研究生的创造性，使其能够独自开展学术研究。当然，还有其他更多方面的教学内容需要导师通过不断学习以及掌握更多研究生的心理，才能在未来的教学、科研、社会实践中，通过更多的方式，促进各项工作的顺利开展。

除此之外，研究生导师还可以通过其他方式建立更多与研究生沟通交流的机会，不断增进彼此间的了解。高校管理者在这方面应当建立一个长效且稳定的师生沟通交流机制，以制度化的顶层设计来完善高校教学工作的有序推进。在研究生导师立德树人教育工作中，导师是其中最为重要的主角，起到引导研究生学习、科研、实践等作用。如果一名导师能够对自己立德树人工作有清晰且专业的认识，同时，这种认识能够随着自身不断学习以及与研究生定期或不定期的沟通交流不断增强，研究生导师立德树人教育工作也会不断向前推进，并且能够保证持久的活力。

教育工作本身不是一成不变的，需要导师随着外界环境不断调整自己的方式，以随时能够适应教师的教学工作，同时更好地适应学生对学习的迫切需求。因此，对于研究生导师立德树人评价工作也应当定期开展，同时可配合更多其他师生沟通交流的机会和平台开展评价工作。例如，可以通过更加自由开放的形式，每月定期开展师生座谈会，增加师生在学习、生活、工作等各个方面的沟通交流，使导师能够及时了解研究生更为全面的想法和感受；研究生也可以通过与导师的深度沟通，了解导师的为人和在教学、科研、生活、社会实践等方面的规划和想法，提前做好心理和身体上的准备。

总体来说，对评价主体进行评价反馈能够让评价主体对自己、对评价工作有更深度的理解，但更为重要的是，加深对研究生导师立德树人教育工作的了解与认识。与研究生导师立德树人教育工作相关的各方，对导师从事的工作有更深入而全面的认识，能够在一定程度上帮助导师顺利开展教学工作。与此同时，导师通过评价工作对自身的教学等方面工作也有了更全面的认识，对于自己在教学、科研、研究生教育和就业等方面的工作有更清晰而全面的认识，更清楚自身的优势与不足之处，在今后的教学工作中，便于及时调整和改进。

第三节　改进措施

关于研究生导师立德树人评价工作，虽然在各个环节上都充分考虑了理论与具体实践的结合，通过集思广益的调查方式，尽可能地完善了评价工作，但在具体评价工作的实施中，仍不可避免地会出现一些新的情况和问题，在这一节，将主要从四个方面具体阐释改进措施。

一、通过改进评价方式以降低主观因素影响

对研究生导师立德树人教育工作进行评价，不可避免地会渗入一些主观因素的成分。各方评价主体中，与研究生导师的关系亲疏，对研究生导师情况了解的程度深或浅等，都会或多或少地影响评价主体对研究生导师立德树人教育工作的评价结果，这些主观因素应当尽可能从评价工作中剔除。有些主观因素是评价主体有意而为之，有些则是在不经意间表现出来的。如何通过一种有效的方式，将评价主体的主观因素降到最低，需要评价工作的组织者对评价的方式以及评价的内容进行周密的调整，对评价表进行全方位的设计。

在评价主体开始评价工作时，可以对评价主体进行评价诚信和道德宣讲，首先从思想道德层面对其有一个警醒和提示，或是将所宣讲的内容附带在评价表中，目的就是让评价主体在进行评价工作时，能够时时关注到诚信与道德的存在，从而慎重做出选择。这种道德和思想上的约束往往对评价主体更为适用，它可以在人们心中长久留存。

在正式开始评价工作前，评价工作组委会可以对全体评价主体进行

事前总宣导，将评价工作中可能出现的主观因素影响的情况点明，让评价主体提前有个心理准备。

评价工作组委会在评价工作结束，对评价信息和数据进行统计汇总时，应当将可能涉及主观因素的部分，进行严格的筛选和统计，将其中与整体评价差异性较大的部分剔除，对剩余部分进行求平均处理，最大限度地降低主观因素的影响。

在评价工作结束后，评价组委会可以再向评价主体询问是否掺杂了过多主观因素成分，如有，可以对自己的评价表重新进行修改，以保证最大限度的客观、理性、公正。

在进行评价表格设计时，所提供的评价选项应当尽可能以定量的形式进行呈现，最大限度地减少文字表述的内容。当然，评价表中，需要有一些文字描述的部分，因为单纯只是以数据或量化的内容对研究生导师进行整体性的评价，很可能遗漏一些不能通过数据和量化内容呈现的行为和表现。定量与定性内容相结合，才有可能更完整地呈现研究生导师立德树人教育工作的表现。适量地增加量化的选项，能够在一定程度上减少主观因素对整体评价工作的影响。

通过以上这几点措施，能够在一定程度上避免主观因素过多影响评价结果的情况发生。但需要注意的是，这也并不能彻底排除主观因素的影响。无论通过什么样的措施和方法，都不可能从根本上剔除主观因素对评价工作的影响，只可能在现有的条件下采用更为严谨科学的方式，最大限度地降低主观因素对评价工作的影响程度。

二、把既能定量又能定性的指标进行定量处理

上文简单提到了如何平衡定量和定性的内容，对于评价指标的设定，究竟选择定性的，还是选择定量的，需要根据具体指标表述来确定。但总体上来说，尽可能将指标进行量化处理。对于评价主体来说，其在填写量化指标时，会更容易作出选择，而更发散的文字表述式的评价则有

可能让评价主体没有重点的表述，后期在对评价表进行汇总统计时，也不利于工作人员整理评价信息。

另外，一些定性的指标也可以尝试为评价主体框定几个主要的选择范围，让评价主体在作选择时能够有所侧重，同时，还要设置一个开放式的"其他"选项，以保证评价表所涉及的内容更全面。评价表不应过多地引导评价主体的思路，而是要尽可能如实地呈现评价主体对评价对象的感受和评价。

当然，需要注意的是，并不是将所有既能定量又能定性的指标进行定量处理就是科学合理的，评价表中需要包含一些定性指标，要将定量指标与定性指标相结合。因一些关于导师思想道德方面的指标无法进行定量处理，不能以具体数据呈现，只能通过评价主体的文字表述来反映被评价者的日常表现。

三、根据与研究生导师立德树人教育工作的关联程度对评价主体进行精确的权重分配

在研究生导师立德树人评价工作中，可能存在无论各类评价主体与研究生导师的关联程度如何，对导师评价的结果均按同等作用对待。这就容易造成与研究生导师关联程度并不十分密切的评价主体，所作出评价的价值相对较低，但在后期进行评价统计时，与同研究生导师关系密切的评价主体所作出的评价结果占有相同的比重。这有可能在一定程度上减弱了评价结果的科学性和有效性。

为有效避免这种情况的出现，可以在进行评价之前，以调查问卷的方式初步对评价主体进行筛选，挑选出与研究生导师立德树人教育工作密切相关的评价主体，当初步筛选完评价主体后，可将评价主体重新整理编组，确定一个大概标准，商定一个较为合理的权重分配。对与研究生导师关联程度高的评价主体分配以高权重，而对与研究生导师关联程度低的评价主体分配以低权重。这种通过权重的方式合理地对评价信息

进行一次筛选的方式，可以进一步提高评价的价值和作用。

需要注意的是，并不是与研究生导师关联程度高，就一定能够在评价工作中提供具有价值的评价信息，权重高的评价主体还可能受其他诸多因素的影响，导致自身在进行评价工作时，表现出较高的主观或其他方面影响评价客观性或理性的行为。甚至与研究生导师关联程度越是紧密，可能在评价时会出现程度更深的加入主观因素的情况。但不可否认的是，关联程度越高，评价主体对研究生导师的了解和认识程度也会越高，评价组委会所要做的就是最大限度地利用这种更高的关联程度，同时，要有效地规避主观因素在其中的影响，以最大限度地保证评价工作的客观和公正。

四、根据不同类型的导师进行分类评价

针对不同类型的导师，应当进行分类评价。针对不同专业的研究生导师，所设定的评价指标应不尽相同。各个不同专业的导师，所研究的学术或科研领域都不相同，其中的评价指标也不应完全相同。因此，在对不同专业领域研究生导师进行立德树人评价时，所构建的评价指标也应不相同，应当充分考虑研究生导师的具体专业情况、教学方式以及所属高校对研究生导师的要求设计相关的评价指标，以便更好地契合研究生导师的实际教学工作，增强评价工作的适用性和有效性。

在对不同类型研究生导师进行评价工作时，应当在前期对导师所属学术领域进行全面且充分的调查研究，了解其立德树人工作中涉及哪些工作内容，学术科研方面包含哪些专业工作，高校对其立德树人工作有哪些具体而详细的要求。充分调查和研究透彻后，设计完整且系统的评价表，以最大限度地满足研究生导师立德树人教育工作实际。

在对不同类型导师进行分类评价时，不能只关注导师所属专业或学术领域的独特性，还要关注研究生导师所表现出的共性特征，如在教学、科研、学术、社会实践等方面的内容。要有效地将研究生导师所存在的

共性特征与个性特征结合在一起，融入研究生导师立德树人评价体系中，使评价工作更加科学、合理、系统，更加符合导师教学工作的实际情况。

对研究生导师立德树人教育工作进行评价，本身就难以呈现其原本的教学效果，一些方面难以通过量化的指标或数据进行描述，即使通过文字叙述也很难达到全面而准确的效果，立德树人效果归因的边界较为模糊。因此，只能通过科学地设计评价指标，最大限度地呈现导师的教学效果。而在另一方面，对研究生导师绩效评价只以量化数据呈现，但所呈现的结果并不能充分代表导师的真实教学工作情况。其中部分原因为，对研究生导师所发表的科研成果只是进行了数量上的统计，而不能体现准确的科研成果质量。即使标明所发表科研成果的期刊级别或是机构名称，也不能完全表明其科研成果的质量和水平。同样道理，教学质量的高低也不能只从所获得教学效果、教学比赛奖项的数量和级别来充分表明，虽然这些成效能够表明研究生导师一定程度的教学成效，但教学质量和水平的高低还包含诸多方面的内容，受诸多方面因素的影响。

另外，在研究生导师立德树人教育工作中，研究生的成长与成才也不能只单单从一些硬性数据上进行呈现。研究生更多其他方面的能力与水平可能无法通过定量或是定性的数据进行呈现，如研究生在专业领域的一些创新性的想法、一些创造性的理念，可能一时无法付诸实践，或是一时无法形成相应的科研成果，但研究生所具备的这方面的能力却是其宝贵能力的体现。

对研究生导师立德树人评价工作进行相关方面的改进，主要涉及上述四个方面，当然还有一些其他方面也有待改进和调整。评价工作基本会存在或多或少不足之处，由于涉及人对人的评价，而人本身就是复杂的复合体，充满不确定性因素，本身不可避免地会带有或多或少的主观意识，可能会融入对被评价者的个人情感，或出于私心，或考虑彼此间的紧密关系等。种种原因都会在一定程度上影响评价工作的顺利开展，也会间接地影响到最终所呈现的评价结果，影响评价的真实性、客观性、有效性。

每次评价工作结束后,都应出具一份评价报告,将整体评价工作的情况和结果反馈给评价主体,这种评价反馈也属于评价工作的一部分,也是为了在未来的评价工作中,相关评价主体能够改进自己的评价方式,调整自身对被评价者的差异性的评价,逐步让自己所作出的评价更加公正、合理、科学、客观。每一次评价工作都有其需要改进之处,评价组委会所需要做的就是持续性地汇总评价工作中的经验与认知,在下一次评价工作中尽可能更完善,让评价工作更为高效、科学、客观、公正。

参考文献

[1] 肖华. 应用型本科高校立德树人探索 [M]. 苏州：苏州大学出版社，2014.

[2] 高秀兰. 立德树人：理论与实践 [M]. 北京：中国文史出版社，2015.

[3] 中国学位与研究生教育学会工科工作委员会，昆明理工大学. 立德树人，内涵发展，提高工科研究生教育质量 [M]. 北京：清华大学出版社，2019.

[4] 钱嫦萍，等. 新时代研究生思想政治工作的协同优化 [M]. 上海：华东理工大学出版社，2021.

[5] 刘懿萱，徐明，段丽萍. 基于权变理论的医学院校研究生导师立德树人职责评价体系研究 [J]. 学校党建与思想教育，2022（22）：72-74.

[6] 李飞，黄政，梁芷晴. 面向立德树人根本任务的研究生导师师德评价体系建设 [J]. 科学咨询（科技·管理），2022（9）：35-37.

[7] 黄丽静，吕春辉. 基于研究生视角的导师立德树人职责落实状况调查：以西部某师范大学为例 [J]. 太原城市职业技术学院学报，2022（8）：75-79.

[8] 郑章靖，徐阳，蔡肖. 研究生导师立德树人自评量化体系研究 [J]. 大学教育，2022（7）：230-233.

[9] 戚昊辰，曹辉，贾梦秋. 立德树人背景下高校研究生导师队伍建设的忧思与优化 [J]. 高教学刊，2022，8（17）：10-13.

[10] 王志伟. 协同理论视域下研究生导师立德树人研究 [J]. 思想教育研究，2022（3）：147-152.

[11] 王永明，唐迪. 研究生导师立德树人职责探析 [J]. 北京城市学院学报，2021（6）：82-87.

[12] 柴杰，齐昌政，尹美尧. 基于扎根理论的研究生导师评价体系构建 [J]. 评价与管理，2021，19（4）：4-10.

[13] 李元，高亮. 研究生导师做好立德树人工作的有效对策 [J]. 中国高等教育，2021（19）：36-38.

[14] 刘艳，富伟能，隗金成. 医学院校落实研究生导师立德树人职责工作思

考与探讨 [J]. 医学教育管理，2021，7（4）：406-410.

[15] 程华东，曹媛媛. 场域视角下研究生导师立德树人职责落实机制构建 [J]. 研究生教育研究，2021（4）：10-16.

[16] 郑龙章. 研究生导师评价标准优化设定的思考：基于"立德树人"的考量 [J]. 中国高校科技，2020（10）：21-24.

[17] 马焕灵，黄丽静. 研究生导师立德树人职责履行评价指标体系的构建 [J]. 现代教育管理，2020（8）：84-92.

[18] 王欢芳，陈惠，宾厚. 立德树人视角下研究生导师考核评价体系研究 [J]. 辽宁教育行政学院学报，2020，37（1）：38-42.

[19] 钱嫦萍，胡博成. 新时代研究生导师立德树人的时代内涵、现实难题和实现路径 [J]. 思想理论教育，2019（9）：107-111.

[20] 李彬，谢水波，蒋淑媛. 立德树人视野下高校研究生导师评价体系存在的问题及对策 [J]. 教育现代化，2019，6（63）：149-153.

[21] 杨守鸿，杨聪林，刘庆庆. 新时代研究生导师立德树人的现实路径研究 [J]. 学位与研究生教育，2019（7）：26-30.

[22] 刘志，刘健康，许畅. 研究生导师立德树人评价需要平衡三对矛盾冲突 [J]. 学位与研究生教育，2019（4）：8-12.

[23] 刘林. 研究生导师立德树人职责与实现途径探究 [J]. 思想教育研究，2018（5）：115-118.

[24] 张栋梁，郑爱平. 立德树人根本任务指引下研究生导师师德建设研究：基于12所高校1496名师生的调查分析 [J]. 研究生教育研究，2017（4）：30-35.

[25] 樊璐，朱小平."立德树人"视域下研究生导师育人模式探究 [J]. 科技视界，2022（7）：156-158.

[26] 郑世燕，孙颖颖. 新时代背景下提升研究生导师立德树人成效的对策 [J]. 大学，2021（30）：133-135.

[27] 胡红华. 研究生导师立德树人职责体系构建研究 [J]. 江苏经贸职业技术学院学报，2021（4）：38-41.

[28] 王欢芳，陈惠. 以立德树人为目标的研究生导师考核机制研究 [J]. 辽宁

教育行政学院学报，2021，38（3）：22-26.

[29] 朱纯欣.立德树人视角下研究生导师职责内涵及落实机制研究[J].科教文汇（上旬刊），2021（13）：8-10.

[30] 朱太锐，程翠玉，徐先蓬.面向立德树人根本任务的研究生导师责权机制建设[J].学位与研究生教育，2020（12）：18-23.

[31] 张丽莉，王致磊，赵雷.研究生导师在"立德树人"教育过程中作用研究[J].高教学刊，2020（26）：140-142.

[32] 徐潇宇.研究生导师立德树人考核评价体系构建初探：以三峡大学土木与建筑学院为例[J].教育现代化，2020，7（55）：4-7，16.

[33] 王一，刘宏伟，王新影.论研究生导师立德树人职责的四重逻辑[J].学位与研究生教育，2020（5）：44-49.

[34] 薛政，于雅洁.研究生导师立德树人教育的新时代内涵及其实现路径[J].沈阳农业大学学报（社会科学版），2020，22（3）：296-301.

[35] 骆莎.论立德树人中导师的教育引导作用[J].思想理论教育，2018（11）：107-111.

[36] 刘志，韩雪娇.研究生导师立德树人需要突破的三重瓶颈[J].研究生教育研究，2018（5）：13-17，64.

[37] 曹洪军，王娜.促进研究生导师"立德树人"考评工作的四重维度[J].思想政治教育研究，2017，33（1）：139-143.

[38] 石桐，杨波.研究生导师队伍建设存在的问题及解决对策[J].高教学刊，2022，8（28）：161-164.

[39] 苏新兵，严盛文，孙权.军队院校研究生导师加强立德树人的思考[J].西部素质教育，2022，8（14）：36-39.

[40] 程科.新时代研究生导师队伍职责评价与监督机制的探索与实践[J].科技资讯，2022，20（11）：219-222.

[41] 崔楠，郑铭文.研究生导师师德建设"1+2+4+4"体系研究[J].渤海大学学报（哲学社会科学版），2021，43（5）：103-107.

[42] 冯延清，柳有权，雷剑.立德树人背景下研究生导师思想政治工作模式构建[J].大学，2021（20）：145-148.

[43] 刘传霞，唐欣."立德树人"视野下的研究生导师指导能力探索[J].济南职业学院学报，2021（2）：97-99，121.

[44] 王茜.新形势下研究生导师立德树人职责落实问题探析[J].大学教育，2021（1）：181-183.

[45] 蒋晨彧.立德树人视域下研究生导师考评机制问题研究[J].中国多媒体与网络教学学报（上旬刊），2020（11）：139-141，145.

[46] 边梅娜.研究生导师立德树人工作模式创新探究[J].大众标准化，2020（18）：170-171.

[47] 韩忠全，郭望远.研究生导师立德树人职责调查研究：以黑龙江省高校为例[J].黑龙江教育（高教研究与评估），2020（9）：80-81.

[48] 王文婧，刘宏伟，程浩.实现研究生导师立德树人目标的途径探索[J].高教学刊，2020（11）：106-111.

[49] 赵纪飞.新时代研究生导师立德树人的实现路径[J].西部素质教育，2020，6（5）：34-35.

[50] 季书会，王琦峰.新时代背景下高校研究生导师立德树人的路径研究[J].开封教育学院学报，2019，39（11）：224-226.

[51] 刘晓喆.研究生导师立德树人职责何以"全面落实"[J].学位与研究生教育，2019（6）：6-12.

[52] 修晓辉，王新影.研究生导师立德树人职责研究[J].文化学刊，2019（5）：166-168.

[53] 李路，马焕灵.立德树人视域下研究生导师权利保障研究[J].辽宁教育行政学院学报，2019，36（1）：71-74.

[54] 杨雷，张德庆.新时代研究生导师立德树人长效机制的建立[J].黑龙江教育（高教研究与评估），2018（12）：75-76.

[55] 李家圆，高殿帅，程慧敏.我国研究生导师立德树人政策及理论综述[J].卫生职业教育，2018，36（19）：1-3.

[56] 曹洪军，张红波.论研究生导师"立德树人"培训机制的优化[J].煤炭高等教育，2017，35（4）：59-62.

[57] 王舒艳. 杨德广教授发挥研究生导师立德树人作用的研究 [D]. 上海：上海师范大学，2022.

[58] 李志强. 新时代研究生导师师德建设研究 [D]. 长春：东北师范大学，2021.

[59] 曹媛媛. 基于和谐导生关系的研究生导师立德树人职责落实机制构建 [D]. 武汉：华中农业大学，2021.

[60] 辜晓君. 广西高校硕士生导师考核制度研究 [D]. 桂林：广西师范大学，2021.

[61] 王钦蓉. 研究生导师道德领导力的基本结构与主要表现 [D]. 金华：浙江师范大学，2021.

[62] 韩雅琦. 研究生导师立德树人职责落实研究 [D]. 新乡：河南师范大学，2021.

[63] 李铠希. 新时代研究生导师立德树人现存问题及实现路径研究 [D]. 南昌：华东交通大学，2020.

[64] 李建津. 新时代研究生导师师德建设研究 [D]. 沈阳：沈阳航空航天大学，2019.

[65] 修晓辉. 研究生导师立德树人职责研究 [D]. 大连：大连理工大学，2019.

[66] 王贵贵. 研究生导师指导能力评价体系构建研究 [D]. 保定：河北大学，2019.

附　录

附录一：研究生导师立德树人评价指标调查问卷

您好：

感谢您在百忙之中抽出时间填写这份问卷，本问卷旨在咨询相关专业领域专家、学者和实践工作者的意见，对"研究生导师立德树人评价指标"进行科学筛选和完善。请您根据自己的判断，针对每一项指标的重要性进行打分，并给出专业性建议。感谢您的帮助与支持，您的宝贵意见和建议对本研究有十分重要的意义。

特别说明：此次调查的信息和内容仅用于学术研究，不会用于任何商业用途，所有数据和信息都会严格保密。

1.您的年龄（　　）

A.30 岁及以下

B.31～40 岁

C.41～50 岁

D.51～60 岁

E.61 岁及以上

2.您的最高学历（　　）

A. 博士研究生

B. 硕士研究生

C. 本科生

D. 其他

3. 您的工作单位（　　）

A. 高校

B. 研究所

C. 其他

4. 您的职称（　　）

A. 教授

B. 副教授

C. 讲师

D. 助教

E. 正高级教师

F. 高级教师

G. 一级教师

H. 二级教师

I. 三级教师

J. 其他

5. 是否愿意参与（　　）

A. 愿意

B. 不愿意

附录二：研究生导师立德树人评价专家访谈提纲（一）

一、基本信息

1. 性别：_____
2. 年龄：_____
3. 工作单位：_____
4. 职称：_____
5. 所从事的学术领域或专业领域：_____

二、访谈内容

1. 就目前来看，您认为研究生导师开展立德树人教育工作存在哪些较为突出的问题？

2. 就目前来看，您认为影响研究生导师从事立德树人教育工作的因素有哪些？

3. 您如何评价研究生导师对研究生在品德和学术方面的影响？

4. 在您看来，"立德"和"树人"两个方面，哪一个更重要？

附录三：第一轮专家调查问卷

一、基本信息

1. 性别：_____

2. 年龄：_____

3. 工作单位：_____

4. 职称：_____

5. 所从事的学术领域或专业领域：_____

二、指标评价建议

每个指标对应的打分标准分为五个等级，即 5 分 = 非常重要、4 分 = 比较重要、3 分 = 一般重要、2 分 = 不太重要、1 分 = 很不重要。如您有其他宝贵意见和建议，可以对指标进行删除、补充或修改。

1. 一级指标

A. 立德树人过程（   ）

B. 立德树人结果（   ）

C. 立德树人理念（   ）

D. 立德树人方法（   ）

E. 立德树人意识（   ）

2. 二级指标

A. 立德树人过程（   ）

B. 导师教学过程（   ）

C. 导师科研过程（   ）

D. 立德树人成效（   ）

E. 导师教学成效（　　）

F. 导师科研成效（　　）

G. 导师教学方式（　　）

H. 导师科研能力（　　）

3. 三级指标

A. 指导研究生思想道德层面（　　）

B. 指导研究生学术科研层面（　　）

C. 为研究生创造学习和科研条件层面（　　）

D. 关心研究生身心发展层面（　　）

E. 鼓励社会实践层面（　　）

F. 导师教学责任心（　　）

G. 导师教学方法创新能力（　　）

H. 导师教学方面投入力度（　　）

I. 导师学术道德与诚信（　　）

J. 导师学术科研方面投入力度（　　）

K. 研究生思想道德方面所获荣誉（　　）

L. 研究生科研、学术素养与能力（　　）

M. 研究生所获学术成果或奖项（　　）

N. 研究生社会实践层面（　　）

O. 导师教学方面所获荣誉（　　）

P. 导师所发表的学术成果（　　）

Q. 导师学术质量及影响（　　）

R. 导师科研项目方面（　　）

S. 导师科研成果（　　）

T. 导师人格魅力（　　）

U. 导师师道传承（　　）

三、评价指标确立的依据说明

1. 一级指标：

2. 二级指标：

3. 三级指标：

附录四：研究生导师立德树人评价专家访谈提纲（二）

一、基本信息

1. 性别：_____

2. 年龄：_____

3. 工作单位：_____

4. 职称：_____

5. 所从事的学术领域或专业领域：_____

二、访谈内容

1. 您认为立德树人过程与成效，哪方面更重要，还是同等重要，为什么？

2. 在二级指标中，为什么相对于教学和科研两方面来说，立德树人最重要？

3. 在二级指标中，为什么教学和科研两方面同等重要？

4. 在三级指标中，请问研究生导师可以从哪几方面切实履行立德树人职责？

附录五：第二轮专家调查问卷

一、基本信息

1. 性别：_____

2. 年龄：_____

3. 工作单位：_____

4. 职称：_____

5. 所从事的学术领域或专业领域：_____

二、指标评价建议

每个指标对应的打分标准分为五个等级，即 5 分 = 非常重要、4 分 = 比较重要、3 分 = 一般重要、2 分 = 不太重要、1 分 = 很不重要。如您有其他宝贵意见和建议，可以对指标进行删除、补充或修改。

1. 一级指标

A. 立德树人过程（   ）

B. 立德树人成效（   ）

C. 立德树人方法（   ）

2. 二级指标

A. 立德树人过程（   ）

B. 导师教学过程（   ）

C. 导师科研过程（   ）

D. 立德树人成效（   ）

E. 导师教学成效（   ）

F. 导师科研成效（   ）

G. 导师科研能力（　　）

3. 三级指标

A. 关心指导研究生思想政治和品德发展（　　）

B. 开展学风教育、科学道德和学术诚信教育（　　）

C. 指导支持研究生参与科研实践和学术活动（　　）

D. 指导研究生学术和学位论文（　　）

E. 为研究生学习和科研创造良好条件（　　）

F. 关心研究生身心健康、生活、就业（　　）

G. 鼓励研究生参加社会服务和志愿服务活动（　　）

H. 教学责任心、态度与热情等（　　）

I. 投入教学的时间与精力等（　　）

J. 教学方法改革与创新等（　　）

K. 学术道德和学术诚信方面（　　）

L. 投入学术研究的时间与精力等（　　）

M. 创新性研究、现代研究方法的运用等（　　）

N. 研究生思想政治表现及各类先进荣誉（　　）

O. 研究生科研能力、学术规范与学术素养（　　）

P. 研究生发表学术论文，所获科研成果奖、各种竞赛奖（　　）

Q. 研究生学位论文质量（　　）

R. 研究生服务社会和参加志愿公益活动等（　　）

S. 教学质量效果、教学比赛获奖、主持精品课程等（　　）

T. 各类教学成果奖（　　）

U. 发表教学教改论文、主编教材（　　）

V. 发表科研论文、专著的学术质量及影响（　　）

W. 主持科研项目（　　）

X. 科研获奖、成果应用、应用专利（　　）

三、评价指标确立的依据说明

1. 一级指标：

2. 二级指标：

3. 三级指标：

附录六：研究生导师立德树人评价专家访谈提纲（三）

一、基本信息

1. 性别：_____

2. 年龄：_____

3. 工作单位：_____

4. 职称：_____

5. 所从事的学术领域或专业领域：_____

二、访谈内容

1. 您如何对一级评价指标进行筛选？

2. 您如何对二级评价指标进行取舍？

3. 您如何最后确定三级评价指标？

附录七：研究生导师立德树人评价问卷

您好：

感谢您在百忙之中抽出时间填写这份问卷，本问卷旨在邀请与研究生导师立德树人教育工作相关联的各方，对研究生导师立德树人教育工作进行全面评价。请您根据自身了解，对研究生导师立德树人教育工作做出谨慎而真诚的评价。请您根据自己的判断，对每一项指标的重要性进行打分，给出专业建议。感谢您的帮助与支持，您的宝贵意见和建议对本研究有十分重要的意义。

特别说明：此次调查的信息和内容仅用于学术研究，不会用于任何商业用途，所有数据和信息都会严格保密。

1. 导师是否关心并指导研究生思想政治和品行发展？具体表现有哪些？

A. 是 B. 否

具体表现_____

2. 导师是否开展过学风教育、科学道德和学术诚信教育？相关主题活动有哪些？

A. 是 B. 否

相关主题活动_____

3. 导师是否指导并支持研究生参与科研实践和学术活动？具体活动有哪些？

A. 是 B. 否

具体活动_____

4. 导师指导研究生学术论文和学位论文的数量有多少？论文等级如何？

学术论文数量____，论文等级情况_____

学位论文数量____，论文等级情况_____

5. 导师是否为研究生学习和科研创造良好条件？具体表现有哪些？

A. 是　B. 否

具体表现_____

6. 导师是否关心研究生的身心健康、生活、就业等情况，具体表现有哪些？

A. 是　B. 否

具体表现_____

7. 导师是否鼓励并支持研究生参加社会服务和志愿服务活动，具体表现有哪些？

A. 是　B. 否

具体表现_____

8. 导师在教学时是否具有责任心、良好态度与热情，具体表现有哪些？

A. 是　B. 否

具体表现_____

9. 导师每周投入教学工作的时间有多少？

A. 7 h 以下　B. 7～21 h　C. 22～35 h　D. 36～56 h　E. 56 h 以上

10. 导师是否在教学方法的改革与创新方面有相应的表现？具体表现有哪些？

A. 是　B. 否

具体表现_____

11. 导师是否恪守学术道德和学术诚信？具体表现有哪些？

A. 是　B. 否

具体表现_____

12. 导师每周投入学术研究的时间有多少？

A. 7 h 以下　B. 7～21 h　C. 22～35 h　D. 36～56 h　E. 56 h 以上

13. 导师在研究方面是否具有创新性？创新性表现有哪些？

A. 是　B. 否

创新性表现_____

14. 导师是否运用了现代研究方法？具体方法有哪些？

A. 是　B. 否

现代研究方法_____

15. 导师所指导的研究生的思想政治具体表现及所获的各类先进荣誉有哪些？

具体表现_____

先进荣誉_____

16. 导师指导的研究生在科研能力、学术规范与学术素养方面的表现有哪些？

科研能力_____

学术规范_____

学术素养_____

17. 导师所指导的研究生发表学术论文，以及获得科研成果奖、各种竞赛奖有哪些？

学术论文_____

科研成果奖_____

各种竞赛奖_____

18. 导师所指导的研究生学位论文质量水平如何？

学位论文质量水平_____

19. 导师所指导的研究生服务社会和参加志愿公益活动的情况如何？具体活动名称是？

公益活动情况_____

具体活动名称_____

20. 导师教学质量效果、教学比赛获奖、主持精品课程的具体情况如何？

教学质量效果_____

教学比赛获奖_____

主持精品课程_____

21. 导师所获得的各类教学成果奖有哪些？

教学成果_____

22. 导师发表教学教改论文、主编教材的情况如何？

教改论文_____

主编教材_____

23. 导师发表科研论文、专著的学术质量及其影响力如何？

科研论文质量_____

专著质量_____

科研论文和专著的影响力_____

24. 导师主持科研项目的情况及其项目名称和级别？

科研项目名称和级别_____

25. 导师科研获奖、成果应用、应用专利的情况及具体名称？

科研获奖_____

成果应用_____

应用专利_____

26. 对于此次评价问卷，您有哪些好的意见和建议，欢迎真诚指点。

_____

_____

_____

_____